スタートアップとは何か

——経済活性化への処方箋

加藤雅俊
Masatoshi Kato

Eurus Notus Zephyrus Boreas

岩波新書
2013

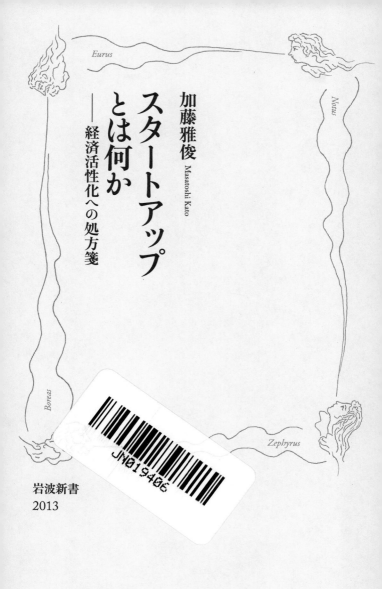

はじめに

スタートアップ（創業間もない企業）に対して、社会から大きな期待が寄せられています。その期待はどこから来るのでしょうか。どうやら、スタートアップの登場が経済活性化のための「特効薬」であるという認識があるようです。しかし、本当にスタートアップの登場によって経済は活性化するのでしょうか。その根拠はどこにあるのでしょうか。

政府は、2022年をスタートアップ創出元年として、スタートアップを通した経済成長を重要な政策課題として位置づけ、具体的な施策として「スタートアップ育成5か年計画」を掲げました。2022年度の補正予算におけるスタートアップ関連施策では、約1兆円（内閣府が約2000億円、経済産業省が約6500億円、文部科学省が約1500億円）が計上されています。これほどの規模でスタートアップ支援を行ったことはこれまでありませんが、スタートアップに対する公的支援は今に始まったわけではありません。

たとえば、アベノミクスの成長戦略である政府の経済政策の柱の一つとしてスタートアップ支援（以前は「ベンチャー支援」）は行われていました。このような取り組みにもかかわらず、なかなか思うような成果は上げられていないのが現実です。それでもなおスタートアップに期待を寄せる理由はどこにあるのでしょうか。

経済学の視点から見ると、スタートアップの登場は市場への「新規参入」として捉えられ、市場における企業間の競争を活性化させます。また、スタートアップにはイノベーションや雇用創出といった経済活性化に対する貢献が期待されています。さらに、スタートアップの登場を通した競争促進効果によって既存企業のイノベーションへのインセンティブが高まるなど、市場全体の活性化を促す意味で意義が大きいと言えるでしょう。

しかし、必ずしもすべてのスタートアップがイノベーションや雇用創出といった経済活性化に貢献するわけではないのです。この点は見過ごされがちですが、多くのスタートアップは創業後にほとんど成長しないことが多くの研究から明らかになっています。それどころか、多くのスタートアップは創業後間もない頃に市場からの退出（撤退）を余儀なくされます。これらの点から、経済活性化の源泉としてスタートアップに対して大きな期待を持ちすぎないほうが賢明と言えるでしょう。

たしかに、もし将来的にグーグル（アルファベット）、アップル、フェイスブック（メタ）、アマゾン（頭文字をとってＧＡＦＡと呼ばれる）のような巨大企業となるスタートアップが登場すれば、日本経済は大きく成長するかもしれません。長期にわたって経済が低迷する国家の救世主として、「ユニコーン」（10億米国ドル以上の評価額を有する未上場企業）と呼ばれる超高成長企業の登場に期待を膨らませるのは必然かもしれません。

この意味で、政府による「経済活性化のためにＧＡＦＡのような企業を生み出そう」という掛け声は人目を引き、一見正当性を持つように聞こえます。しかし、これは野球界において「野球界の活性化のためにイチローや大谷翔平のようなスーパースターを育てよう」と言うのと似たようなものかもしれません。スーパースターを目指す少年が登場すること自体は素晴らしいことです。そして、スーパースターの登場には誰もが胸を躍らせることでしょう。しかし、スーパースターは生み出そうと思ってできるものではないかもしれません。スタートアップの登場やユニコーンの創出を通した経済活性化と言うと響きは良いですが、現実にはそう簡単にはいかないでしょう。

それでは、なぜ政府はスタートアップの登場や成長を支援するのでしょうか。この点は後の章で詳しく述べますが、本来は「経済活性化の担い手」であるということだけがスタートアップに対する支援の理由ではないはずです。経済学の視点からは、より重要な理由があります。

「市場の失敗」です。つまり、市場に任せていてはうまくいかないから、政府が「介入」してそれを改善する必要があるのです。市場に任せているだけでスタートアップが登場して成長を実現するのであれば、わざわざ政府が介入する必要がありません。政府が国民から徴収した税金を原資とする国家予算を使ってスタートアップを支援するわけですから、確固とした「正当性」が必要になります。

　スタートアップの経済活性化への貢献や市場の失敗を理由に政府が介入するとしても、多くの個人が急に起業家を志すようになるわけではありません。当然ながら、個人には職業選択の自由があります。さまざまな要素を考慮して、起業家になることを選択する人もいればそうでない人もいます。一攫千金《いっかくせんきん》を狙って起業する人もいれば、自己実現のために起業する人もいます。他に選択肢がなくて生活のために起業する人もいます。起業家と一言で言ってもそれぞれ多様な目的や動機を持っているはずです。

　起業にはそれなりのリスクも伴います。個人が持つ「リスクに対する態度」は、それぞれ大きく異なっています。リスクが高い行動を避けたがる安定思考の人もいれば、リスクの高いことを試したがるギャンブル好きの人もいます。「安定」を求めて大企業で働く個人にとって、明日から独立して起業を目指せと言われてもその気になれるはずがありません。スタートアップに対する社会からの期待が大きい反面、政府が介入して支援したからといって急に個人が持つ起業へのインセンティブを変えられるわけではないことも理解しないといけません。

この本を手にとった読者の皆さんの中には、スタートアップを営む起業家、起業家を志す方、起業家やスタートアップの支援に従事する方など、スタートアップに何らかの形で深く関わる方々がいらっしゃる一方で、既存の大企業や中小企業に勤務する方々も多くいらっしゃることでしょう。すでに安定を手にしている方にとっては、今すぐにそれを捨てて起業しなさいと言われても困るはずです。多くの人にとって「起業」なんて他人事であり、起業するインセンティブはないことでしょう。その気のない人をその気にさせるのは容易なことではありません。

起業は一つの選択肢に過ぎません。

新しいことへのチャレンジには「失敗」が付きものです。失敗は成功のもと、七転び八起きなどのことわざにあるように、失敗しても諦めずに立ち上がることの重要性は古来認識されてきたはずです。しかし、一度「成功」を経験して、安定したポジションを手に入れてしまうと、新たなチャレンジが億劫になってしまうのは企業も人も同じかもしれません。成熟した組織や社会において、唐突に「新しいことにチャレンジせよ」と言われて多くの人が面食らうのも自然なことでしょう。

しかし、本書の第Ⅲ部で論じるように、起業に無縁だと思っている人が起業促進において鍵を握るかもしれません。大企業に勤めている人も、スタートアップの成長に無関係ではないかもしれません。もっと言えば、起業活動の促進には、社会全体の理解が大事な要素になります。新しい事業に取り組む「挑戦者」に対する社会の態度が問われています。

筆者は、起業家やスタートアップに対して決してネガティブな見解を持っているわけではありません。むしろ、筆者は、成功する確率が低く(失敗する確率が高く)ても、新しいことにチャレンジする人々に対して深い敬意を持っています。他方で、起業家やスタートアップに対するポジティブなバイアスのかかった取り上げ方をしたり、「幻想」を追ったりするのではなく、起業家やスタートアップへの「期待」を持ちつつも、不都合な「真実」から目を逸らすことは良くないと考えています。何事においてもそうかもしれませんが、ポジティブなバイアスをかけなければ盛り上げられないのであれば、きっとそれは本物ではなく「まやかし」であり、一時的にブームを作り上げることはできても長続きはしないでしょう。

本書は、スタートアップに対してどのような期待ができるかについて客観的に捉えるというスタンスで論を進めていきます。スタートアップに関しては、経験や勘に基づく独自の理論が展開されたり、起業家のサクセス・ストーリーに代表されるようなスタートアップの光に目が行きがちです。それらは時にロールモデルとして参考になる一方で、そこに再現性を求めるのは難しいと言えるでしょう。本書は、経済学におけるアカデミックな研究を通した客観的な根拠をもとに論じていきます。

ただし、注意も必要です。言うまでもなく、アカデミックな研究からはわからないことも多く、万能な解決策を与えてくれるわけではありません。日々研究は行われており、今わかっていることが明日覆される可能性もあります。過大な期待はしないのが賢明です。スタートアップについて考えるための一つの「手がかり」として参考にしていただきたいと思います。

スタートアップに関する研究は、この30年ほどで大きく発展してきました。これは、*Small Business Economics* という起業活動に関する学術誌が創刊された1989年からのおおよその年数です。当初は、新規参入と退出、スタートアップの成長やイノベーションといった伝統的なテーマの論文が多く掲載されていましたが、近年は女性起業家、難民起業家、多様性といったテーマで特集号が組まれるなど、この分野の範囲は年々拡大しています。筆者はこれまで15年にわたりスタートアップについて研究してきました。本書では、これまでに明らかになったスタートアップに関するアカデミックな知見や考え方のエッセンスを紹介します（必要に応じて有斐閣発行の拙著『スタートアップの経済学――新しい企業の誕生と成長プロセスを学ぶ』をご参照ください）。

これらの中には、日本だけでなく海外のデータを使って明らかにされたものが数多く含まれています。日本では手に入らないデータを使った分析も少なからず存在します。多くの知見や考え方が日本のスタートアップにも応用可能だと思います。同時に、これまでのアカデミックな研究の考え方を手がかりに、日本のスタートアップの課題について取り上げ、筆者なりの経済活性化への処方箋を考えていきます。

スタートアップには、われわれの人生にとっての考えるヒントが多く隠されています。たとえば、誕生から成長するプロセスにおいて、当初は何事にも好奇心があり新しいことにチャレンジする心意気を持ち合わせていますが、加齢によって徐々に保守的になっていく傾向があるのは企業も人も同じです。成長できるのは若いうちだけであることも同様です。企業も人もイノベーションや成長において「年齢」が重要な役割を果たします。誕生した頃は「手助け」が必要であることも、企業も人も同じです。過保護が成長の妨げになることもそうかもしれません。「少子高齢化」がすぐには改善しないのも共通点があります。

本書を通して、読者の皆さんに「スタートアップとは何か」について知ってもらい、今後の仕事や生活において考えるヒントにしてもらえれば筆者としてはこの上ない喜びです。

目次

第I部　スタートアップを知る

第1章　研究者の視点で見るスタートアップ

1　「スタートアップ」の意味

スタートアップとベンチャー

「スタートアップ」という言葉は、アカデミアにおいては以前より使われてきました。近年は、新聞や雑誌などを含めたメディア、政界や経済界などにおいても使われるようになってきました。スタートアップという言葉は市民権を得たと言ってよいでしょう。読者の皆さんの多くは、「新しくて急成長を目指す企業」という漠然としたイメージをお持ちかもしれません。

アカデミックな説明をする前に、日本社会でいつ頃からスタートアップという言葉が使われるようになったかについて確認しておきたいと思います。一昔前までは「ベンチャー」という言葉が使われていましたが、スタートアップとベンチャーは異なるものなのでしょうか。

図1-1には、日本経済新聞における、「スタートアップ」と「ベンチャー」という言葉が含まれる記事数の推移が示されています。1980年代前半の第2次ベンチャーブーム(第1次ベンチャーブームは1970年代前半)の頃から、ベンチャーを含む記事が増加していることがわかります。その後、1990年代半ばから2000年代前半にかけての第3次ベンチャーブームの

時期にベンチャーを含む記事の数がピークを迎えています。さらに、２０１０年代に起こった第４次ベンチャーブームで再度ベンチャーに関する記事が増えています。

他方で、スタートアップという言葉を含む記事は２０１５年頃まではほとんどありませんでしたが、２０１７年から少しずつ増え始めていることがわかります。そして、スタートアップに関する記事がベンチャーに関する記事の数を上回ったのは、２０１９年になってからです。

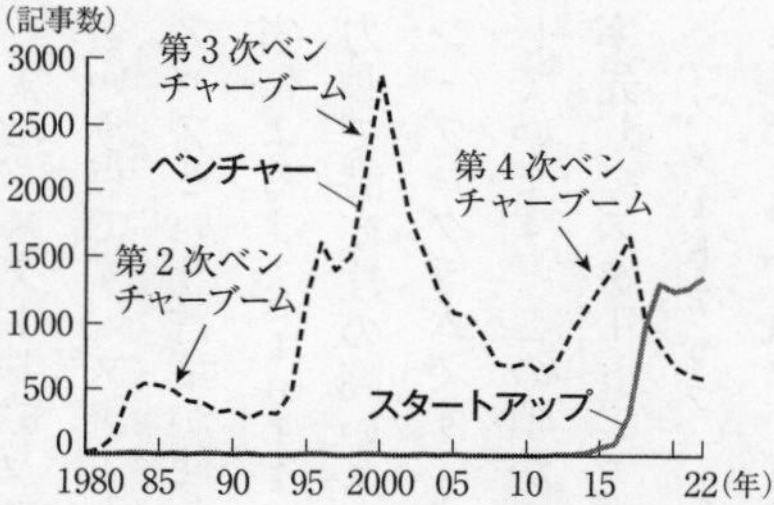

図 1-1　「ベンチャー」「スタートアップ」を含む新聞記事数

注：「日経テレコン」をもとに，日本経済新聞においてそれぞれの言葉が含まれる１月から12月までの１年間の記事数をカウントして筆者作成.

この図からはいくつか重要な示唆が得られます。まず、ベンチャーに関する記事が減るタイミングでスタートアップに関する記事が増えている点です。以前はベンチャーという言葉で新しい企業のことが表現されていましたが、近年はその代わりにスタートアップという言葉が使われるようになったと言ってよいでしょう。ベンチャー関連の記事にはベンチャー・キャピタル（ＶＣ）といった言葉も含まれますが、それを考慮してもベンチャーからスタートアップに置き換わっていったことに疑いはないでしょう。

また、スタートアップという言葉は近年になってから急速に日本社会に浸透した言葉であるという点です。スタートアップを含む記事が増えた時期は、政府の経済政策においてスタートアップという言葉が使われ始めた頃と一致しています。たとえば、２０１８年６月に経済産業省によるＪ-Ｓｔａｒｔｕｐプログラムが立ち上がっています。これは、政府と民間の機関が協力して潜在性の高いスタートアップを選定して集中的に支援しようというアクセラレーション・プログラムです。また、２０１９年10月に「自民党スタートアップ推進議員連盟」が発足しています。この頃からスタートアップという言葉を含む記事が増えていることから、政府が率先してスタートアップという言葉を使い始めたことが契機となったと言えるでしょう。

「スタートアップ」とは具体的に何を指すのかについて、もう少し詳しく確認しておきましょう。まず、スタートアップの定義はとてもあいまいなものであるということです。実は、その定義について必ずしも共通した認識がないまま、政策立案やメディアの報道などにおいて議論が展開されているように思います。定義があいまいなままであれば、たとえば政府によるスタートアップ支援政策において、その対象企業を決められないし、ましてや政策目標を適切に設定したり評価したりするのは困難であると言えるでしょう。究極的には、スタートアップの定義をあいまいなままにとどめておくことで、都合よく「ゴールポスト」を動かすことさえ可能になってしまいます。

本書における「スタートアップ」

本書でスタートアップという言葉を用いる際に、何を意味するのかについて明確にしておきたいと思います。スタートアップ(start-up)は、辞書的には「新しい事業の立ち上げ」、「起業」(創業)、あるいは「創業間もない企業」などいくつかの意味を持つ言葉です。本書では、混乱を避けるため、「創業間もない企業」を表す用語として「スタートアップ」と表現することにします。創業時の話をする際には、文章のつながりを考えてスタートアップの代わりに「新しい企業」と表現する場合もあります。たとえば、スタートアップの誕生というより、新しい企業の誕生と表現するほうが適切かもしれません。

これでもまだ、あいまいさが残ります。「創業間もない」とは一体いつからいつまでをさすのでしょうか。創業してから5年間なのか、10年間なのか、それ以上なのか。これには確固とした基準はありません。これまでのアカデミックな研究においては、研究者によって多少の相違はあるものの、創業後5年から6年までの企業をスタートアップと呼ぶ傾向があります(McDougall et al., 2003)。メディアやSNSなどにおいては、創業から10年あるいはそれ以上経過した企業がたびたびスタートアップと呼ばれているのを目にすることがあります。このような企業はせいぜい「若い企業」(young firm)といったところでしょう。人間で言えば、誕生から10年ほど経過した小学4年生を、生まれたての赤ん坊や幼児などと呼ぶことはまずないのと同じことです。

新しい事業を立ち上げること、あるいは、新しく企業を設立することは、一般的には「起業」、「創業」あるいは「開業」という言葉で表現されますが、これらは文章のつながりや日本語の表現としての適切さといった点を考慮して併用することにします。たとえば、新しい企業を設立することは、起業よりも創業や開業と呼ぶほうが一般的かもしれません。一方で、起業は新しい企業の設立を伴わず、個人で事業を営む場合や既存企業による新しい事業の立ち上げを含む広い範囲で使われる表現と言えるでしょう。また、起業活動(特に新しい企業の設立)を行う個人のことを「起業家」と呼びます。ただし、企業を引き継いで経営者となった人(後継者)との区別を強調する際には、企業の設立者という意味の「創業者」(founder)という表現が使われることがあります。

スタートアップと中小企業

スタートアップと「中小企業」の区別もたびたび議論になる点です。スタートアップは急成長する企業で、中小企業は緩やかな成長をする企業といった区別がなされることがあるようですが、研究者の視点からすると、この区別は適切ではありません。スタートアップは、創業から経過した「時間」に基づいて新しい企業だけを区別するための用語です。他方で、中小企業という用語は、企業の「大きさ」に基づいて中規模以下の企業だけを区別するための用語です。言い換えれば、スタートアップは「企業年齢」、中小企業は「企業規模」に関連した用語で、それぞれの尺度(次元)が全く異なっているのです。なお、中小企業基本法では、中小企業と小規模企業について資本金や従業員の規模を基準に定めていますが、ここでは大意に影響しないため、細かい定義については省略します。

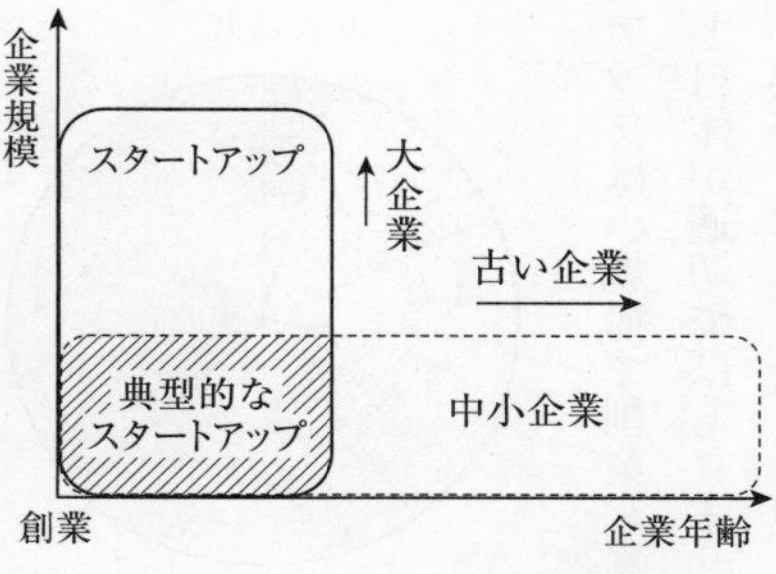

図1-2 「スタートアップ」と「中小企業」の範囲(筆者作成)

図1-2を見てください。横軸に企業年齢、縦軸に企業規模が表されています。中小企業は、横軸のどの時点であっても縦軸が一定水準より小さいことがわかります。スタートアップに関しては、横軸は創業時からある時点まで(典型的には

5年から6年程度）の範囲において縦軸のすべてが対象になります。ただし、「典型的なスタートアップ」は斜線で囲まれた部分、つまり創業から間もない小規模な企業をさします。

ここで重要なことは、スタートアップのほとんどが創業時および創業間もない時期は中小企業でもあるということです。典型的なスタートアップは小規模で創業します。したがって、スタートアップと中小企業を排他的に区別すること自体が適切ではありません。

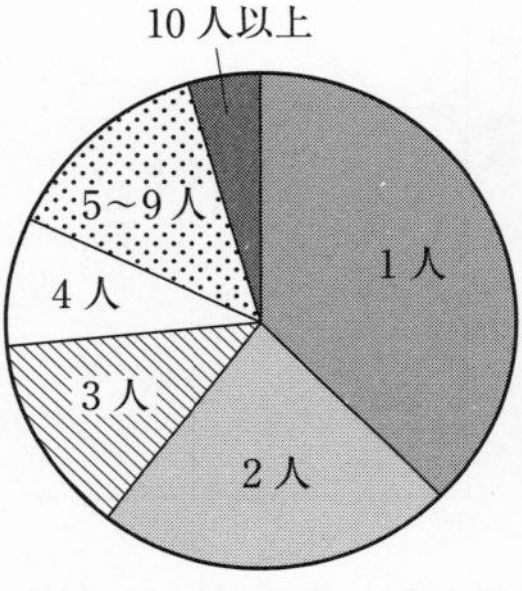

図1-3　創業時の従業員数
注：日本政策金融公庫が2021年4月から9月にかけて融資した時点で開業1年以内の企業1122社（個人企業と法人企業を含む）.
出所：「2022年度新規開業実態調査」日本政策金融公庫総合研究所

実際、図1-3で示されているように、創業時の企業の規模は多くの場合、非常に小さいことがわかります。多くの企業が創業者1人、あるいはせいぜい数人程度で企業をスタートします。これは異なるサンプルを対象にした場合でも同様の傾向が見られます。たとえば、筆者らが実施した研究開発型スタートアップ（すべて株式会社）を対象にした研究において、サンプル企業の従業員規模（創業時）の中央値は2人でした（Okamuro et al., 2011）。これらの点から、創業時には多くの企業が「中小企業」であることは疑いようのない事実です。

スタートアップと中小企業の違いを強調したいのには、いくつかの明確な理由があります。まず、後で詳しく述べるように(本章の後の節、4章および6章)、企業の成長やイノベーションを説明する上で「企業年齢」が重要な役割を果たすことが挙げられます。企業年齢が高くなるにつれて、イノベーションのスピードやインパクトが低下する一方で、効率性は上昇する傾向にあります。また、成長スピードが鈍化していくことも明らかになっています。同時に、創業から時間が経過した「非スタートアップ」を「スタートアップ支援」の枠組みで公的に支援することの正当性は失われるのです。これも本章中に後で詳しく述べます。とにかく、ここでは、スタートアップを論じる際に、企業年齢がとても重要であることを、まずはしっかりと頭に入れておいてください。

スタートアップと中小企業を成長プロセスの違いによって区別することが適切でない理由として、創業時点では、どのスタートアップが生き残ってどのスタートアップが急成長するかについて、事前には誰にもわからないという点が挙げられます。起業家本人にも投資家にも予測するのは容易ではないのです(正確に予測できるのであれば、ベンチャー・キャピタルもポートフォリオを組んで分散投資なんてしないでしょう)。そして、スタートアップの中で急成長する企業はほんの一握りなのです。他のほとんどのスタートアップは消滅するか、成長できるとしても大きな成長は見込めません。スタートアップに関わる当事者に対しては無慈悲な表現と思われるかもしれませんが、それが現実なのです。新しいことにチャレンジしているからこそ、とても不確実性が高いのです。スタートアップの多くは、生存できたとしてもやがてスタートアップではない「中小企業」の一員になるのです。

スタートアップは急成長する企業で、中小企業は緩やかな成長をする企業といった区別が行われる背景には、「成長志向」の違いを強調するためであると推察されます。繰り返しになりますが、成長するかどうかは事後的にしかわかりませんので、創業時点あるいは直後では成長「志向」でしかありません。次章で詳しく取り上げるように、起業家にもスタートアップにもさまざまなタイプが存在します。世の中には事業拡大の意思がない起業家(スタートアップ)も存在します。したがって、スタートアップの登場要因や成功要因を分析する際は、起業家の成長志向を考慮することはとても重要です。これらの点では、スタートアップと中小企業ではなく、スタートアップ間の違いを、「志向」(成長志向か否かなど)や「タイプ」(研究開発型か否かなど)で区別するほうが適切と言えるかもしれません。

研究対象としてのスタートアップ

スタートアップに関する研究には、大きく2つに分けると、「創業前」を対象にする研究と、「創業後」を対象にする研究があります。前者は、どのような個人が起業家になるのか、あるいは、どのような環境において起業家が生まれやすいのか、といった点に着目するものです。つまり、「起業家の登場要因」に関する研究です。後者は、主にどのような企業が成功するのか、どのような環境において企業が成功しやすいのかといった点に着目するものであり、「スタートアップの成功要因」に関する研究です。

研究者にとっては、実際に起業活動に関わる人だけが分析対象ではありません。潜在的な起業家も研究対象です。起業家になりたいと思っていても、実際には起業活動に従事していない、あるいは将来も従事することは永遠にないかもしれない人も含まれています。

したがって、皆さんが想像する以上に、研究者が対象とする範囲は広いかもしれません。起業家を増やしたいならば、どのような人が起業に関心を持ち、そのうちどのくらいの人が、そしてどのような人が起業家になるのかを理解することも重要です。また、それが国や地域によって違うのか、そして、違っているならばその原因は何なのかについて探る必要があります。これらの点を明らかにすることで、政府がどのような施策を講じるべきかといった問題について手がかりを得ることができるでしょう。

このように、研究者は、起業活動（潜在的なものを含む）がどのような要因に影響を受け、誕生した企業のうちどのような特徴を持つ企業が成功するのかといった点を明らかにしようとします。最終的に、スタートアップの登場と成功をめぐる政策的な課題に対して何らかの示唆を与えることを目指しています。

スタートアップに関する基本的な考え方

研究者がスタートアップを分析対象とする場合、どのような枠組みで考えていくのかについて詳しく示しておきたいと思います。

図1-4に示されているように、スタートアップ（起業家）が登場することで、市場における既存企業との競争に影響を与えます。新しい企業であるスタートアップは、競争に打ち勝つために何らかの新しい製品やサービスを伴って登場する可能性が高いと考えられます。そのため、スタートアップからのイノベーション創出が期待されます。

逆に、スタートアップと対峙する既存企業は、何もしないと市場での地位を奪われるのでそれに対抗しようとします。結果として、既存企業からのイノベーション創出への努力が引き出されることになります。このような競争を通してイノベーションが引き起こされることで、経済成長へとつながることが「期待」されています。

しかし、図1-4からわかるように、スタートアップ(起業家)は自然発生的に登場するわけではありません。起業家になる個人は何らかの共通点があることが明らかになっています。また、新しい企業が誕生しやすい環境があることもわかっています。スタートアップ(起業家)の登場は、個人や環境の特性に大きく影響を受けるのです。

本章では、スタートアップの経済における役割について概観します。

スタートアップというと、イノベーションや成長といった「光」の部分が注目されがちですが、スタートアップを通した経済活性化の裏には、「影」の部分が存在することを忘れてはいけません。実際は、スタートアップの多くがさまざまな困難に直面することが知られています。スタートアップについて理解を深めるには、光だけでなく影の部分に目を向けることがとても大切なのです。

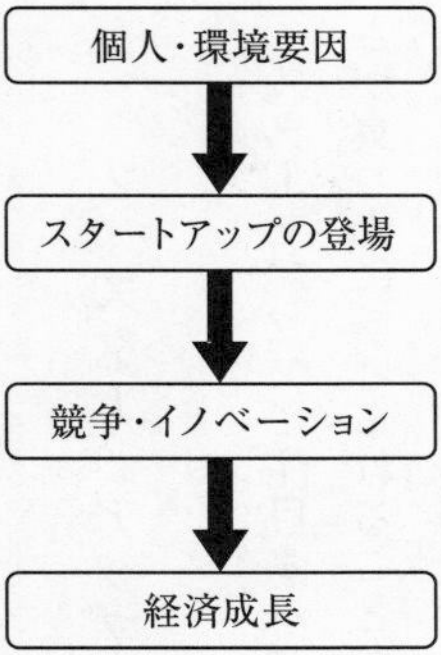

図1-4　スタートアップの要因と影響
出所：Wennekers & Thurik (1999)をもとに筆者作成.

2　スタートアップの「光」

スタートアップに注目する意義は何かと問われるとき、その経済活性化に対する貢献の大きさが真っ先に挙げられることでしょう。まずは、このようなスタートアップの「光」の部分に焦点を合わせて、新しい企業の登場が経済に対してどのような影響を与えるのかについて考えていきます。

競争促進の効果

まずは、競争に対する影響です。新しい企業は市場においては新規参入者となりますが、新規参入者は新しい企業に限りません。既存企業が事業を多角化して新たな市場に参入する場合もあります。新しい企業の誕生も既存企業による新たな市場への参入も、市場から見れば新規参入であることに変わりはありません。競争に与える影響については、どちらも根本的に大きくは変わらないため、ここでは新しい企業の登場と既存の企業による新たな市場への参入を特に区別せず話を進めていきます。

新しい企業が出現することは、市場において以前から活動を続けている既存企業にとってみれば、ライバル企業が増えることを意味します。ライバルが増えて競争が活発化すれば、自社の顧客を奪われることになるかもしれません。価格競争が起こり、これまでは得られていた利益が減るかもしれません。新しい企業との競争に勝つことができず、もはや利益が得られないと判断した場合は、市場からの退出（撤退）を余儀なくされるでしょう。

新しい企業の登場によって市場における既存企業の退出を促すことは、「排除効果」と呼ばれています。実際、新しい企業が登場することで、既存企業の退出が促されることが明らかにされています（Ito & Kato, 2016）。経済学者のシュンペーターは、このことを「創造的破壊の嵐」と名づけています。健全な市場メカニズムを維持する上で、新しい企業の参入を通して非効率的な企業が淘汰されるような新陳代謝が欠かせません。

このような競争に対する影響は、実際に起こった新規参入だけにとどまりません。実際には起こらないとしても、潜在的な参入の「脅威」が市場における企業の行動に影響を与える場合があります。たとえば、市場への参入規制が撤廃された場合を考えてみましょう。参入規制が敷かれていて新規参入が禁止されている場合、既存の企業間でしか競争は起こりません。ところが、参入規制が撤廃されると、新規参入者との競争の脅威が増すことになります。既存企業にとってみれば、自社よりも魅力的な製品やサービスを導入する新規参入者がライバルになるとすればうかうかしていられません。何もしなければ市場から排除されてしまう可能性があるため、何らかの対抗措置をとろうとするかもしれません。たとえば、少数の企業からなる寡占的な市場においては、新規参入の脅威によって既存企業の競争的な行動を促すことになるでしょう。

実際に、参入規制の撤廃が行われ、潜在的な参入の脅威によって市場における既存企業の行動が大きく変化した事例を紹介しましょう。日本の石油製品市場においては、特定石油製品輸入暫定措置法（特石法）が施行された１９８６年以降は、国内の石油精製の元売業者のみが石油製品を輸入することができました。つまり、この市場は参入規制が敷かれていたことになります。この特石法は10年間の時限立法であったため１９９６年3月に廃止され、石油製品の輸入が自由化されました。これにより海外からの参入が可能となりました。

面白いことに、輸入自由化が決定した１９９４年12月に、１リットル１２２円であった東京のガソリン価格は、１９９５年7月には99円まで大きく下落しました（Nagaoka & Kimura, 1999）。ここで注目すべきは、輸入自由化を通して海外からの新規参入が可能となる以前から価格が下落した点です。つまり、将来的に輸入自由化が行われ、新規参入が起こるかもしれないという脅威が、既存企業の競争的な行動を促したと考えられるのです。また、同市場においては、輸入自由化後に既存企業間の合併や事業所の統廃合などの組織再編が大きく進みました。これにより企業の生産性が大幅に高まったことが明らかになっています(加藤・長岡、2012)。このような事例は、新規参入による競争の脅威が市場の効率性向上にとって非常に重要であることを示唆しています。新しい企業の登場が経済においてなぜ必要なのかを理解する上で重要な点です。

しかし、すべての新規参入者がこのような競争的な効果を市場にもたらすとは限りません。以下で論じるように、新しい企業の参入が必ずしも競争を活発化させないいくつかの可能性があるからです。

外部性と補完性

新しい企業の登場は、非効率的な企業を退出に追いやるという排除効果を必ずしも引き起こすとは限りません。新規参入者と既存企業の間で「差別化」がなされている場合は、競争が回避されることになるでしょう。たとえば、コストコのような大型スーパーマーケットが、ある地域に新規出店してきた場合を考えてみましょう。コストコとその近隣に立地する小型スーパーマーケットとは、ターゲットとする顧客層がオーバーラップしていない(差別化されている)可能性があります。小型スーパーマーケットは、コストコの新規出店によって顧客を奪われるどころか、コストコによる集客効果を通して新たな顧客を獲得する可能性すらあります。これは外部性(外部効果)と呼ばれる現象です。

外部性は、ある企業や個人の行動が、周囲の企業や個人に対して市場での取引なしに影響を与える場合をさします。外部性には正の外部性と負の外部性があります。正の外部性は、教育が代表的な例として挙げられます。高い水準の教育を受けることで個人の生産性は高まり、結果として高い賃金を受け取れるようになるでしょう。しかし、高い水準の教育を受けた本人以外の人々も大きな恩恵を受けます。なぜならば、高い水準の教育を受けた個人が増えることで、社会全体の犯罪率が低下したり、技術進歩が進展したりすることでその社会が豊かになる可能性が高まるからです。

新しい企業(特に研究開発型企業)が登場した地域では、何らかの形で知識が伝播することを通して、関連分野の企業の生産性が高まるかもしれません。これは知識のスピルオーバー(波及)と呼ばれます。また、ある地域に関連分野の企業が多く集積することで、共通する部品の調達コストが低下するかもしれません。これらは供給サイドにおける外部性の例ですが、需要サイドにおいても同様の効果が期待されます。コストコの新規出店による顧客の集積効果は、需要サイドにおける正の外部性の一例です。

さらに、スタートアップと既存企業の活動に補完性が存在することも見過ごせないでしょう(Rothaermel & Boeker, 2008)。たとえば、本章の後の節で取り上げるように、新しい企業は新規性の高いアイデアを生み出すことが期待される一方で、それを市場で販売するための流通チャネル、ブランド力や資金力といったさまざまな資源を有していません。一方、既存の大企業はスタートアップが持たない資源を持つものの、新規性の高いアイデアの創出は得意ではないかもしれません。企業はそれぞれ得手不得手があり、お互いにそれを補い合うという意味で、スタートアップと既存の大企業の間には補完性があると言えるでしょう。4章や6章で取り上げるオープン・イノベーションは、スタートアップと大企業との間の補完性を背景とした分業の手段の一つとなります。

新しい企業の登場が市場における競争に影響を与えない、もう一つの可能性があります。「回転ドア企業」の存在です。都市部の高層ビルの入口には、冷暖房の空気を逃さないために「回転ドア」が設置されている場合があります。まさにこの回転ドアの如く、市場に入った後すぐにその足で退出するような企業のことをさしています。回転ドア企業がいくら市場に入ってきても、競争にはほとんど影響がありません。先ほど取り上げた排除効果や回転ドア企業の存在を通して、起業活動（新規参入）が活発な地域や産業では、同様に廃業（退出）も活発になる傾向があります。実際に、地域レベルでも産業レベルで見ても、開業率と廃業率の間には高い正の相関が存在することが広く知られています（Geroski, 1995）。

イノベーションの創出――スタートアップと既存企業

シュンペーターによれば、ゼロから何かを生み出すのではなく、既存の生産手段や要素を組み合わせて新しいものを生み出すことを意味する「新結合」こそがイノベーションと呼ばれます。イノベーションといっても、そのタイプや程度といった捉え方はさまざまです。プロダクト・イノベーションと呼ばれる新しい製品の開発もあれば、プロセス・イノベーションと呼ばれる新しい製法や工程の開発もあります。技術的なものだけでなく、新しい流通チャネルの開拓やビジネスモデルの考案もイノベーションに含まれるでしょう。

新しい企業の登場を通してイノベーション創出が期待されています。なぜ新しい企業の登場がイノベーション創出と密接に関連するのでしょうか。大きく分けて3つの可能性があります。第一に、新しい企業発のイノベーション創出の可能性です。新しい企業は参入する市場において既存企業との競争にさらされることになりますので、既存企業と同じことをやっていては競争に勝てません。既存企業はすでに効率的な規模で操業していたり、多くの顧客を獲得して高い評判を得ていたりする可能性が高いでしょう。既存企業に対抗しようとするならば、新しい企業は何らかの点で差別化を図ることが必要になります。そのため、すべてがそうとは言えませんが、成長志向を持つ新しい企業は、これまでにないアイデアを持って市場に入ってくる可能性が高いと考えられます。

たとえば、アプリ開発のプラットフォームを運営するヤプリ（２０１３年創業）は、プログラミングなしでアプリを開発できるクラウドサービスを市場に導入しました。このサービスは主にインターネット販売などを行う事業者向けで、ヤプリのサービスを利用することで、低コストで独自の販売サイトを構築できるという点でそれまでにはない画期的なイノベーションでした。ヤプリは高成長を実現して、２０２０年には東証マザーズに上場を果たしました（その後、東証グロースに移動）。このように、新しい企業からは新規性の高い製品やサービスが生み出されることが期待されています。

第二に、新しい企業の登場による競争圧力の上昇を通して、既存企業がイノベーション創出へのインセンティブを高める効果です（Aghion et al., 2009）。つまり、新しい企業の登場に対抗するためには、既存企業もさらなるイノベーション創出を通して新たな顧客獲得の努力をしたり、生産性向上の努力をしたりして市場での競争力を高める必要性が出てくるでしょう。さきほど紹介した日本の石油製品市場が好例かもしれません。繰り返しになりますが、同市場では新規参入はほとんど起こりませんでしたが、規制緩和による参入脅威の高まりによって、既存企業が組織再編を含めた生産性向上への努力(イノベーション)を行ったことが明らかにされています。

第三に、新しい企業の登場による正の外部性を通してイノベーションが促進されるケースです。より正確には、新しい企業の中で研究開発を行うイノベーティブな企業の登場によって、人的交流などを通して知識のスピルオーバーが発生することが期待されます。つまり、研究開発型の新しい企業の登場によって市場全体のイノベーション創出の水準が高まる可能性があります。一般的に、知識のスピルオーバーは組織間で自発的に共同研究開発などを通して発生する場合もあれば、研究開発による正の外部性を通して非自発的に発生する場合があります。いずれの場合にせよ、ある地域あるいは産業に研究開発型の新しい企業が登場することで知識のスピルオーバーが起こることは、経済全体の観点からは望ましいと言えるでしょう。

近年、企業による研究開発投資(あるいは大学における学術研究)にもかかわらず、経済的・商業的価値の創出に結びつかないという「知識フィルター」の問題が指摘されています(Qian & Jung, 2017)。スタートアップは、新たな事業の創造(商業化)を通して、知識を「価値」にトランスフォーム(転換)する「知識のトランスフォーマー」としての役割が期待されています。

スタートアップによるイノベーションの特徴

スタートアップによるイノベーションには、どのような特徴があるのでしょうか。既存企業と対比しながら考えていきましょう。スタートアップは既存企業と比較して、組織レベルでの資源や経験が乏しいことは明らかです。企業としての歴史が始まったばかりですから当然のことです。スタートアップはルーチンも確立しておらず日々試行錯誤の連続であるため、豊富な資源や経験を持つ既存企業と比べて効率的にイノベーションを生み出すことはできません。

一方で、企業の歴史がないことは不利なことばかりではありません。企業はこれまでに歩んできた経路に依存して戦略の方向性を決定する傾向があります。これは「経路依存性」と呼ばれています。既存企業はこれまで世に出してきた製品やサービスからのリターンを回収しようとするでしょう。ですから、すでに投資した分のリターンを回収できないと考えて、新規事業に取り組むことを躊躇《ためら》う傾向があります。新たな製品やサービスの開発によって自社の持つ既存製品との間での競合が起き、既存製品の売上が減少してしまう「共喰い」と呼ばれる現象が起こる可能性があります。このような可能性を考慮すると、既存企業はこれまでの戦略を大きく変更したり、新規性の高いイノベーションを起こしたりするインセンティブを持ちにくくなる傾向があります。

人にも同じことが言えるかもしれません。歳を重ねるに従って、生活におけるルーチンを確立して効率的に物事を進められるようになります。一方で、歳を重ねると新しいことにチャレンジすることが億劫になる傾向があるでしょう。幼い頃は好奇心が旺盛で、新しいことに関心を持っていたはずです。企業も人も、これまでの「経路」が長くなることによる一利一害といったところでしょうか。

これらの点から、スタートアップは既存企業と違って過去にとらわれず共喰いを気にする必要がなく、柔軟にイノベーションに取り組むことができると考えられます。したがって、スタートアップは、市場にとって新しく変化の大きなイノベーションに取り組む傾向があります。他方で、既存企業の戦略は自社の過去の経路に強く依存するため、既存製品の改良版といった変化の小さなイノベーションに取り組む傾向があります。これらの異なるタイプのイノベーションを区別するために、前者はラディカル・イノベーション（急進的イノベーション）、後者はインクリメンタル・イノベーション（漸進的イノベーション）と呼ばれています。

企業年齢の上昇によって、志向するイノベーションのタイプにどのような変化が生じるのでしょうか。米国のバイオテクノロジー産業と半導体産業を対象に、企業による特許率（一年あたりの特許登録数）が企業年齢によってどのように変化するのかについて明らかにした研究があります。

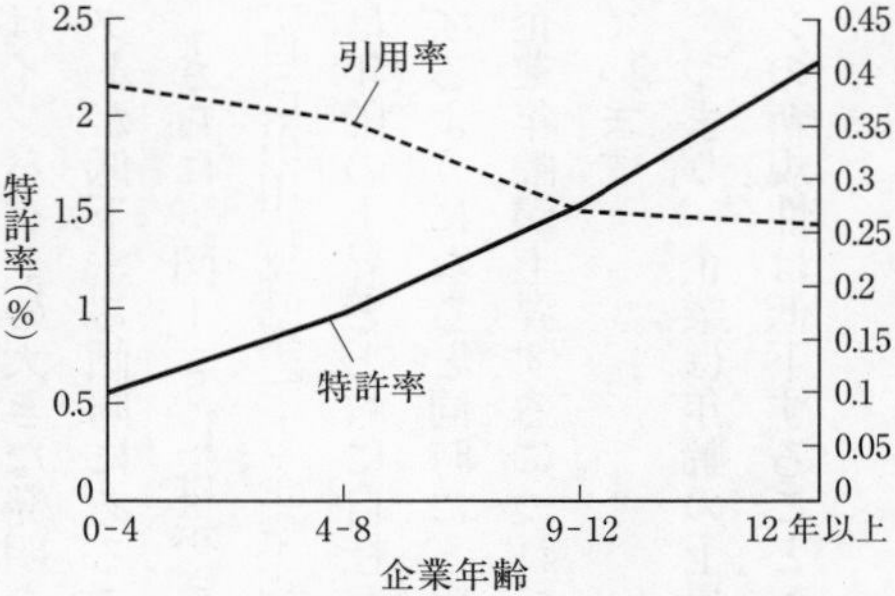

図 1-5　企業年齢とイノベーション（特許）（米国バイオテクノロジー産業，1987-1994）
出所：Sørensen & Stuart (2000)をもとに筆者作成.

図1-5に示されているように、バイオテクノロジー産業において、企業年齢が高くなるにつれて特許率が大きくなる傾向があります。これは、企業は年数を経ることで効率的にイノベーションを実現できるようになることを示唆しています。また、特許の引用に関する指標の推移も示されています。企業年齢の上昇に伴って、引用率（特許一件あたりの被引用数）は低下することが示されています。特許を出願する際は、その発明が過去のどの特許を参照したかについて明らかにしなければなりません。引用される頻度が高い特許は後の発明に影響を与えているため、そうでない特許に比べて高い価値を持っていると解釈されます。図の結果は、創業間もない時期の企業

はインパクトの大きな発明を行う可能性が高い一方で、企業年齢の上昇とともに発明のインパクトが低下する傾向にあることを示しています。

さらに、図1-5には示されていませんが、自社が保有する特許を参照している比率である「自己引用特許率」も企業年齢の上昇とともに高まる傾向にあることがわかっています。企業は年齢の上昇とともに自社が過去に生み出した知識をベースとしたイノベーション活動に従事するようになると同時に、組織外で生み出された知識を参照しなくなることを意味しています。企業年齢が上昇するにつれて、古い技術に依拠した発明を行う傾向があることも明らかにされています。

つまり、企業は年齢の上昇とともにイノベーションの効率性が高まる一方で、イノベーションの新規性は低下することが示唆されています。

雇用創出と地域発展

新しい企業の登場は、雇用の創出に大きく貢献することが期待されています。これまでの定説は、「雇用創出の担い手は中小企業である」というものでした。しかし、近年の国内外の研究からは、規模の小さな企業は雇用を生み出してはいるのですが、その多くが創業間もない

「スタートアップ」であるという事実が明らかにされています。

図1-6には、日本における企業年齢別の雇用変化の大きさが示されています。ここから明らかにされていることは、創業直後の時期（創業後0年から5年）には雇用創出が大きくプラスの変化を示しているということです。逆に、企業年齢が高くなるにつれて、雇用創出の大きさが徐々に低下していき、創業後10年を経過した企業においては雇用変化がマイナスとなっていることが観察されます。これらの点から、スタートアップが雇用創出において大きな貢献をすることがわかります。

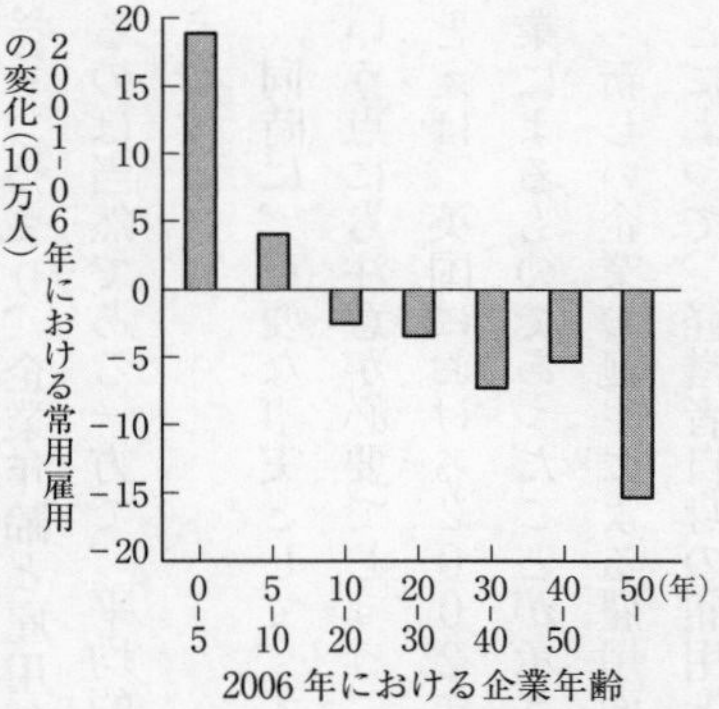

図1-6　日本における企業年齢別の常用雇用者純増数
出所：深尾・権（2011）

しかし、「新しい企業が雇用創出の担い手である」という結論を導くには注意が必要かもしれません。スタートアップは雇用がゼロの状態でスタートするため、前年度から失う雇用がありません。したがって、創業後初年度の雇用創出はマイナスになることはないのです。新しい企業によって創出された雇用のうち40％は創業から5年以内に退出によって消滅していることも示されています（Haltiwanger et al.,

2013)。つまり、企業年齢と雇用創出の関係を見ると、初期の時期は雇用が大きくプラスになるのは当然である一方で、平均的に見ると、創業直後だけの短期的な効果に過ぎないと言えそうです。

同時に、重要な事実として、すべてのスタートアップが雇用創出に貢献するわけではないという点にも注意が必要でしょう。一部の企業のみが雇用創出に貢献しているのが実態です。たとえば、英国における２００２年から２００８年までの雇用創出の約半数は、たった６％の企業によるものであったことが示されています(NESTA, 2009)。

新しい企業の誕生による雇用面での影響は他にもあります。まず、新しい企業が誕生することによって、経営者自身の雇用と従業員採用を通した雇用創出に貢献する一方で、排除効果を通して既存企業の雇用喪失を引き起こします(Fritsch & Mueller, 2004)。また、新しい企業の誕生による外部性を通して、長期的には既存企業の生産性が高まり、結果としてこれらの企業の雇用創出につながる可能性があることも明らかにされています。実際、開業率の高い地域は低い地域と比べて雇用創出率が高いことが示されています(Stuetzer et al., 2018)。これらの点で、スタートアップの登場が地域発展にもつながると考えられています。

経済成長の源泉

スタートアップの登場は、経済成長を促すのでしょうか。イノベーションが経済成長の源泉であることは、多くの研究者によって示されてきました。企業の生産性の伸びの大部分が、研究開発のストック（蓄積量）として計測される知識生産活動によって説明できることが明らかにされています。したがって、新しい企業によるイノベーション創出を通して経済成長が高まると考えられます。実際、これまでに多くの研究者がこの点を明らかにしようと取り組んできました（van Stel et al., 2005）。

しかし、スタートアップの登場と経済成長の関係についてはいくつかの研究上の課題が残されています。まず、新しい企業が登場することで経済成長率が高まったという因果関係までは必ずしも明確にはわかっていません。途上国のように、経済成長率が高い国において新しい事業を始める人が多いことを示しているに過ぎないかもしれません。

また、次章で扱うように、起業家やスタートアップにはさまざまなタイプが存在しています。イノベーション創出に大きな貢献が期待される成長志向のあるスタートアップもあれば、起業家個人が自身の生計を立てるために所得を確保する手段として創業したものの、事業拡大の意向を持たない場合もあります。このようなスタートアップ（起業家）間の異質性が大きいことが、スタートアップの登場と経済成長の関係が明確に表れにくい原因の一つであると考えられます(Acs, 2006)。

さらに、新しい企業が誕生してから経済成長に貢献できるようになるまでにある程度の時間が必要になるでしょう。スタートアップの活動の程度をどのように測るか、あるいは、タイムラグをどう考えるかといった分析上の課題も残っています。

3　スタートアップの「影」

二重の不利益

スタートアップは二重の不利益に直面します。第一に、「新規性の不利益」(liability of newness)と呼ばれる「新しさ」に起因するさまざまな課題に直面することが知られています。たとえば、スタートアップは、ルーチンと呼ばれる繰り返し行われる運営上の手順があらゆる活動において確立していません。そのため、創業当初はすべての活動が手探りで行われることになります。頻繁に失敗が起こり非効率的な活動が行われ、トライアル・アンド・エラーでその都度学習をしていかねばなりません。また、取引履歴(トラック・レコード)がないため、資金提供者や取引先からすればスタートアップに関する情報を得にくく、取引を躊躇《ちゅうちょ》する可能性が高いと考えられます。組織の正統性（ブランド力）も確立されていません。創業間もない企業と創業から10年以上も経過した企業とでは、直面する状況が天と地ほど異なるのです。

表 1-1　創業時に苦労したこと（3 つまでの複数回答）

順位	内　容	（%）
1	資金繰り・資金調達	57.1
2	顧客・販路の開拓	47.4
3	財務・税務・法務に関する知識不足	31.0
4	従業員の確保	17.9
5	仕入先・外注先の確保	16.8
6	商品・サービスの企画・開発	14.7
7	従業員教育・人材育成	13.5
8	業界に関する知識の不足	10.6
9	経営の相談ができる相手がいないこと	9.4
10	商品・サービスに関する知識の不足	7.9
11	家事，育児，介護等との両立	7.2
12	特にない	4.6
13	その他	1.7

注：日本政策金融公庫が 2021 年 4 月から 9 月にかけて融資した時点で開業 1 年以内の企業 1122 社.
出所：「2022 年度新規開業実態調査」日本政策金融公庫総合研究所

第二に、「小規模性の不利益」(liability of smallness) と呼ばれるものです。すでに述べたように、多くの企業は小規模で創業します。規模の経済性などの業種特性にも依存しますが、スタートアップは、既存の大企業と比べてコスト面で不利になると考えられます。

表1-1には、創業から1年以内のスタートアップが創業時に苦労したことに関する調査結果が示されています。最も多くの企業が挙げた課題が「資金繰り・資金調達」で、半数以上の57%が苦労したと回答しています。

次に、「顧客・販路の開拓」や「財務・税

務・法務に関する知識不足」といった課題が挙げられています。スタートアップが直面するこのような課題の多くは、組織の新しさに起因すると考えられます。

高い退出率と低い成長率

このように、スタートアップはさまざまな困難に直面することになります。図1-7は、創業後経過年数(横軸)に対応する企業の生存率および退出率(縦軸)を示したものです。この図で示されているように、創業後1年で20%程度の企業が退出していることがわかります。また、創業後5年で半数程度しか生存していないことになります。このように創業後に生存すること自体が、容易なことではないことが明らかになっています。

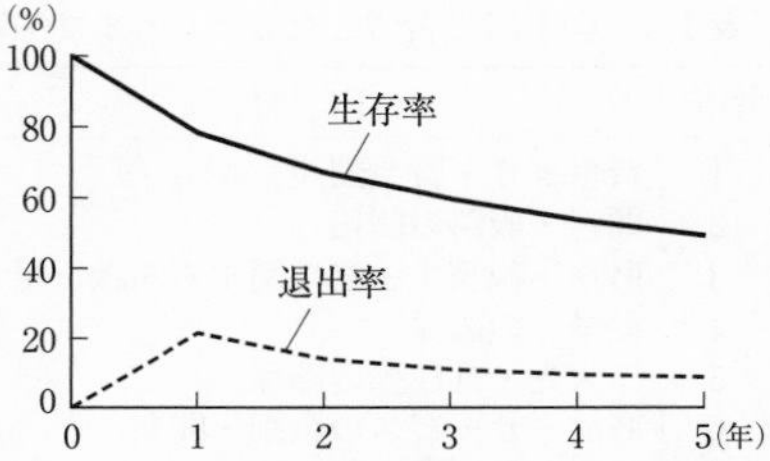

図1-7　米国における創業後経過年数と企業の生存・退出率(2007-2013年設立企業の平均)
出所：*Eurostat*をもとに筆者作成.

創業後、生存することができた企業の中で、その後大きく成長を遂げることができるのはさらに一握りしかありません。図1-8は英国のケンブリッジ州で1990年に設立された後、10年間生存した93社の成長経路が示されています。驚くべきことに、10年間生存した優秀な企業の中でも継続的な成長を実現したのはわずか６％に過ぎなかったことが明らかにされています。これはあくまで10年間生存することができた、ほんの一部の企業を対象にした結果であることを強調しておきたいと思います。つまり、現実には創業後に継続して成長できる企業は、誕生したすべての企業のうち６％にも満たないということになります。

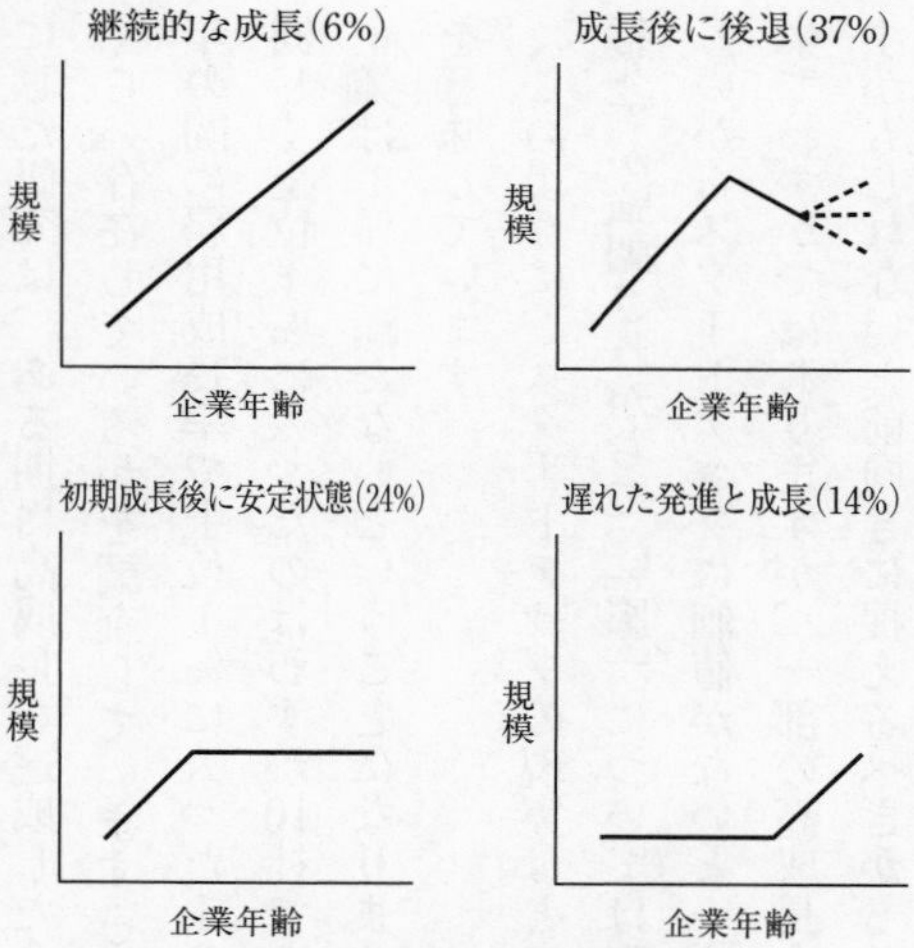

図 1-8　生存企業の成長経路
注：英国ケンブリッジ州で 1990 年に設立されて 10 年間生存した 93 企業を対象.
出所：Garnsey et al., (2006)

世の中では、スタートアップはＪカーブを描くように急成長するものだと言われることがあるようです。しかし、それはあくまで成功したほんの一部の企業のみに当てはまる話であり、例外と考えるほうが適切でしょう。

また、「企業成長は持続しない」ことが、これまでの研究において確認されています。たとえば、スウェーデンの企業（スタートアップを含むすべての企業）を対象にした研究は、ある期に高成長を達成した企業のうち、次期でも高成長を達成した企業がどのくらい存在しているかを調査しています（Daunfeldt & Halvarsson, 2015）。1999年から2002年の間に雇用成長率で上位1％に入った1210社の中で、2002年から2005年の間に同じく上位1％に入ったのはわずか10社であったことが示されています。高成長を持続できた企業は1％に満たないということになります。高成長企業のほとんどは「一発屋」であることを意味しています。

このように、スタートアップの現実はとても厳しいものがあります。スタートアップが持つ「光」が強調されがちで、「影」については表には現れてきません。もちろん、生存や成長が難しいからスタートアップに価値がないということではありません。むしろ、スタートアップの中でわずかではありますが、一部の高成長企業は世の中を一変させるくらいのインパクトを残すかもしれないと前向きに捉えるべきかもしれません。何より、このような現実を理解した上で、どのようにすれば「スタートアップを通した経済活性化」が実現できるのかを考えていくことが求められるでしょう。

4 スタートアップに対する公的支援

スタートアップを通した経済活性化には、社会から大きな期待が寄せられています。実際、政府および地方自治体によるスタートアップ支援は、今日では力の入れ方が一段と増してきてさえいます。ここで一度立ち止まって冷静に考えてみましょう。スタートアップに対する公的支援と言えば、経済活性化の観点から正当化されているような印象があります。しかし、果たして経済活性化のために、スタートアップを公的に支援することの正当性が本当に存在すると言えるのでしょうか。

政府による公的支援に関わる費用は、その国の納税者が負担することになります。先ほど述べたように、そもそもスタートアップの多くは創業後すぐに退出するか、生存できても大きく成長を遂げることはできません。言うまでもなく、経済活動を行っているのはスタートアップだけではありません。既存企業も経済に価値をもたらすことが期待されています。なぜスタートアップに限って公的支援を行うことが正当化できるのかについて、説得的な説明が必要になります。

もちろん、何でもかんでもスタートアップという名のもとであれば公的支援が正当化できるわけではありません。スタートアップと言いながら、実のところ従来の中小企業支援、つまり既存組織への手厚い保護が一部で行われたり、市場に任せるべきところを政府が介入したりして、本来行われるべき公的支援の姿から乖離することは避けなければなりません。

スタートアップに対する公的支援が必要であることは否定できませんが、その目的や手段についてはいくつか注意すべき点があります。

公的支援の根拠としての「市場の失敗」

市場に任せて放っておけば、新しい企業が登場できなくなる可能性があります。このような市場の限界が、スタートアップ支援の正当化の背景と言えるでしょう。つまり、スタートアップを公的に支援することのより強い根拠は「市場の失敗」にあるのです。市場に任せておけば自ずとスタートアップが登場して経済活性化が実現できるのであれば、政府は何もする必要がありません。正確には、民間部門を圧迫しないために、市場に任せてうまくいく場合には、政府は何もするべきではありません。

一般的には、社会の効率的な資源配分において市場は有効に機能します。しかし、独占、外部性、公共財、あるいは情報の非対称性などの特徴を持つ市場では、社会的に望ましい水準での取引が行われず、効率的な資源配分が達成できません。このような不完全な市場に対しては、政府の介入を通して、最適な水準での取引へ近づける措置が求められます。

スタートアップに関連する、市場の失敗について考えます。第一に、本章ですでに取り上げたように、新しい企業の登場は市場における競争を活性化する上で非常に重要な役割を果たすことが知られています。独占や寡占のような市場では、既存企業は競争のプレッシャーを受けにくいため、イノベーション創出の努力を怠るかもしれません。新しい企業の登場による経済活性化は、単にその企業の成功によって成し遂げられるだけでなく、さらなる競争に直面する既存企業から引き出されるイノベーション創出の努力によって実現します。何らかの理由で市場への参入が阻害されているような状況においては、政府が介入して新しい企業の登場を後押しして競争を活性化しようとする手段は正当であると言えるでしょう。

第二に、スタートアップとステークホルダー（取引先企業、資金提供者など）との間に存在する「情報の非対称性」の問題が挙げられます。市場において複数の当事者間で保持する情報の量や質に格差がある状態は、情報の非対称性と呼ばれています。これも市場の失敗の一つです。驚くべきことではありませんが、スタートアップは自社の事業の内容について情報を有していますが、潜在的な資金提供者や取引先はその情報を持っていません。たとえば、個人で住宅ローンを組もうとする場合、貸し手である銀行は、この個人の返済能力を見極めるため職業や収入といったさまざまな情報を収集しようとします。これは個人と銀行の間に、情報の非対称性が存在するからに他なりません。創業間もない企業については、過去に取引履歴がないために情報が得にくく、特に情報の非対称性の問題が顕著になります。

情報の非対称性が生じると、さまざまな問題を引き起こします。まず、資金調達においては、スタートアップが金融機関から資金提供を受けようとする場合、返済能力の低い企業が「逆淘汰」(悪いものが生き残るという意味)され、返済能力の高い企業に十分な資金が行き渡らないという現象が起こります。スタートアップが自らの能力や市場の状況を正確に予測して、必要な資金を資金提供者に求めたとしても、資金提供者がそれを十分に理解して、希望するだけの資金を提供してくれるとは限らないからです。結果として、多くのスタートアップは必要な資金を確保できません。これは資金の取引が行われる「前」に生じる問題です。

資金取引の「後」に生じるものとして、「モラル・ハザード」と呼ばれる問題があります。これは、資金提供者の期待通りにスタートアップが行動してくれないという利害対立の問題をさします。依頼人である資金提供者と代理人であるスタートアップの間で起こるものであり、エージェンシー問題と呼ばれるものの一つです。資金提供者は、資金提供先のスタートアップが成長のための努力を行っているか、適切な経営判断をしているかどうかといった情報を十分に得ることはできません。金融機関や投資家はスタートアップの行動を常に監視できるわけではありませんし、監視するにもコストが発生します。こういった追加的なコストの発生は企業にとっては資本コスト（資金調達のためのコスト）となり、さらに資金調達を難しくさせるでしょう。

前節（表1-1）で見たように、多くのスタートアップにとって資金調達は最大の課題となります。スタートアップは、創業当初は創業者自身、家族・親族や友人・知り合いからの調達を含めて内部金融に依存する傾向があります。特に、起業家自身が有する財産の大きさは創業の意思決定や創業後の利益（所得）と正の関係があり、裕福な個人ほど、より効率的な水準の資金をもとに創業することができることが明らかにされています（Evans & Jovanovic, 1989）。言い換えれば、持っている財産が小さい個人は、資金制約が創業の大きなハードルとなっていることを意味しています。

実際、個人が創業の意思決定を行う確率が、保有する財産の大きさに依存していることが明らかになっていて、企業の創業資金の大きさは起業家個人の財産規模とともに高くなる傾向があります(Holtz-Eakin et al., 1994)。起業家自身の資産が創業資金に影響を与えるという事実は、彼らが資金制約に陥っていることを示唆しています。資本市場は、情報の非対称性を背景とした逆淘汰やモラル・ハザードの問題のために、起業家に対して必要な資本を与えてくれません。起業家は、自身で資金調達を行うことで失敗のリスクを負わなければなりません。

情報の非対称性や資本市場の不完全性といった市場の失敗は、スタートアップだけに起こる問題ではありません。あらゆる企業(特に中小企業)においては少なからず起こりうるでしょう。しかし、取引履歴や組織の正統性がないスタートアップにとっては顕著な課題となります。

政府による介入の背景として、情報の非対称性の問題、また、それに起因する資本市場の不完全性の問題は、スタートアップに対する公的支援を正当化するための重要な根拠となるでしょう。同時に、情報の非対称性に起因する資金調達以外の問題(取引先の確保、労働市場での採用活動など)においても、市場に任せていてはうまくいかない可能性が高いと考えられます。

スタートアップの公的支援のステージごとの課題

スタートアップの公的支援に向けて、どのような手段が効果的なのでしょうか。スタートアップに対する公的支援について、ステージごとに施策の目的や手段を整理します。スタートアップに対する公的支援は、図1-9で示されているような時間軸上のステージごとに、(1)起業関心層の拡充、(2)起業支援、(3)成長支援の3つに分けることができるでしょう。

まず、起業に関心を持つ人々を増やす起業関心層の拡充のための施策です。起業教育を通した起業に対する理解の促進や起業に必要なスキルに関する学習機会の増加、ロールモデルを通した説得といった起業意識の醸成が必要であると考えられます。人々が持つ、起業に対する意識はそう簡単に変えられるものではありません。したがって、長期的な観点で取り組む必要があるでしょう。

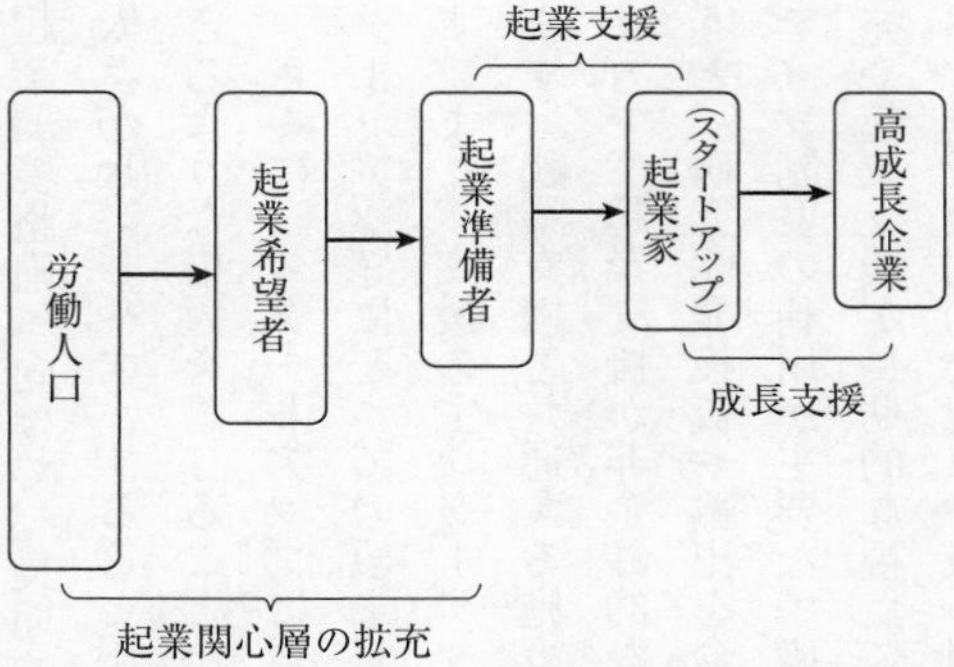

図1-9　スタートアップに対する公的支援の対象と施策

次に、起業支援についてです。これは、起業意図を持っている個人に対する支援のことで、創業資金へのアクセス、パートナーシップやネットワーキングの促進、創業のためのさまざまな情報へのアクセスといった支援をさします。創業資金へのアクセスを除き、起業支援はどちらかというと、非金銭的な手段を重視する傾向があり、起業環境整備へ向けて、長期的な視点で進めていく必要があります。起業支援は基本的には人々が起業しやすくすることが目的です。しかし、5章で論じるように、人々が簡単に起業できるような措置を講じることが望ましいかどうかは否定的な見解も示されてきています。

さらに、スタートアップに対する創業後の成長支援です。このステージでの公的支援は、スタートアップにとっての望ましい事業環境を創出して、競争力の改善を図ることを目標とします。また、支援の主なターゲットは、高成長セクターや成長志向のある企業となる傾向があります。起業支援と共通する施策として、資金や外部情報へのアクセスの改善が挙げられます。一方で、起業支援が非金銭的な手段を重視していたのとは異なり、成長支援ではどちらかというと、研究開発投資や輸出を含め、特定の企業活動の活性化のための金融・財務上のインセンティブ制度の利用が主要な手段となる傾向があります。より重要な点として、起業関心層の拡充や起業支援が長期的な視点で取り組む一方で、成長支援は、3年から4年といった数年のスパンで、短期的な視点で取り組むことが多いのが特徴と言えるでしょう。

政府によるこれらの施策を通した「介入」は、先ほど述べたように市場の失敗による課題を改善する上で重要な役割を果たすことが期待されています。

本書の狙いと構成

さて、本書の狙いは、これまで国内外で蓄積されてきたスタートアップに関するアカデミックな知見について、皆さん(スタートアップ関係者だけでなく、スタートアップについて知りたい方すべて)に広く知ってもらうことです。アカデミックな知見だけでスタートアップの特徴、課題、解決策についてすべて解き明かすことはできませんが、何らかの有用な手がかりを得ることはできると思います。アカデミックな研究は日々進展しており、多様な範囲とアプローチで行われているため、本書だけですべての知見を披露することは到底不可能です。本書では、スタートアップについての基本的な考え方、有用なエビデンス(科学的根拠)、誤解されがちな論点、今後に向けた政策的な課題と処方箋、といった点についてのエッセンスをまとめることを目指しました。

本書は三部構成です。まず、第Ⅰ部(本章と２章)は、「スタートアップを知る」ことを目的とします。研究者の視点でスタートアップをどう見ているのか、そして起業家やスタートアップがいかに多様な存在であるのかという点を知ってもらいたいと思います。本章においては、スタートアップの全体像を理解してもらうことを目指しました。スタートアップとは何を意味するのか、スタートアップの光と影の部分、スタートアップに対する公的支援の背景について取り上げました。

2章は、「スタートアップ」という枠で一括りにされる平均的な起業家やスタートアップに隠れて見過ごされがちな、多様な起業家やスタートアップの存在に焦点を合わせます。たとえば、既存企業から独立した従業員によって設立される「従業員スピンアウト」や、大学の研究者らによる「大学発スタートアップ」がどのような特徴を持っているのかについて詳細に取り上げます。これらのスタートアップは潜在能力の高さから注目すべき存在ですが、一般的にはあまりよく知られていないかもしれません。さらに、近年注目されている社会起業家（ソーシャル・アントレプレナー）、連続起業家（シリアル・アントレプレナー）、ライフスタイル起業家、ハイブリッド起業家（副業としての起業）といった多様な起業家を取り上げます。

第Ⅱ部（3章と4章）は、「スタートアップの登場・成功を探る」と題して、これまでの研究から明らかになっているスタートアップの登場と成功の要因について探っていきます。3章では、起業家になる個人の特性、および、起業家（スタートアップ）を生み出す環境の特徴について考えます。どのような個人が起業家になるのかという問いについては、人的資本、社会的資本、心理的特性、あるいはロールモデルの存在という観点から迫ります。また、昨今注目を集めるスタートアップ・エコシステムのアプローチを含めて、スタートアップの登場にとって望ましい環境について国や地域のレベルで考えていきます。

４章では、スタートアップが成功するためにはどのような要素が重要かという問いに対して、これまでのアカデミックな知見を整理していきます。まずは、スタートアップにとって「成功」とは何かについて、生存(退出)や成長などの指標について考察していきます。また、成功するためには「起業家の資源」「企業特性」「創業後の戦略」という3つの要素がうまく組み合わさることが重要であることを論じていきます。特に、スタートアップが成功するためには、創業前までの準備を通した「創業時の条件」が決定的な影響を与えることについて取り上げます。

最後の第Ⅲ部(5章と6章)は、「日本のスタートアップを考える」と題して、日本で起業家の登場とスタートアップの成長を促進するためには何が必要かについて考察していきます。5章は、「起業家の登場」を進める上で日本が直面している課題について考えます。まず、日本の起業活動の現在地を把握するために、日本の起業活動の水準について時系列上の変遷や国際比較を通して概観していきます。その上で、日本に起業家が登場しにくい原因について、起業無縁層と起業教育、企業と労働の流動性、起業の「量」対「質」などの観点から探っていきます。6章は、日本の「スタートアップの成長」に向けた処方箋を考えていきます。特に、リスクマネーの供給、スタートアップ支援における企業年齢、スタートアップの成長における大企業の役割といった点に注目していきます。また、今後のスタートアップ支援では、「育成」という観点よりむしろ、「競争」という視点を持つことの重要性について論じていきます。

第2章　多様な起業家とスタートアップ

1　多様な起業家タイプ

起業家にはさまざまな動機、目的を持つ多様なタイプが存在します。すべての起業家が事業拡大を目指しているわけではありませんし、イノベーションや経済成長に貢献するわけでもありません。また、近年注目されている「社会課題解決」を目指す起業家もいれば、趣味を事業として営むライフスタイル起業家もいます。さらに、別の企業に勤務しながら副業として新しい企業を立ち上げるハイブリッド起業家もいます。

言うまでもないことですが、一概にどのタイプの起業家が優れているとか劣っているとかの判断はできません。人々にはそれぞれライフスタイルがあり、得手不得手もあるでしょう。しかし、起業家登場の促進を含め経済活性化に向けた方策を考える上で、動機や目的などそれぞれの起業家が持つ特徴を理解することはとても重要です。

起業家の動機と満足感

起業家の持つ動機の多様性について考えてみましょう。伝統的な経済学における職業選択モデルでは、個人は、将来得られるであろう所得(期待所得)の大きさだけを考えて、職業選択の意思決定をすると想定されていました。つまり、起業家になることの期待所得が賃金労働者になることの期待所得と比べて高いと思われるときに、人々は起業家を選択すると考えられてきました。

表 2-1　創業動機(3 つまでの複数回答)

動　機	(%)
自由に仕事がしたかった	56.6
収入を増やしたかった	47.2
仕事の経験・知識や資格を生かしたかった	44.5
事業経営という仕事に興味があった	35.5
自分の技術やアイデアを事業化したかった	28.6
社会の役に立つ仕事がしたかった	27.6
時間や気持ちにゆとりが欲しかった	19.7
年齢や性別に関係なく仕事がしたかった	11.5
趣味や特技を生かしたかった	9.8
適当な勤め先がなかった	6.0
その他	6.3

注：日本政策金融公庫が 2021 年 4 月から 9 月にかけて融資した時点で開業 1 年以内の企業 1122 社.
出所：「2022 年度新規開業実態調査」日本政策金融公庫総合研究所

たしかに、所得がある程度大きくなければ、家族を養ったり、満足のいく日常生活を送ったり、余暇を楽しんだりできないかもしれません。その意味では、所得が職業選択の重要な要因であることは間違いないでしょう。しかし、個人が職業選択を行うとき、経済的な理由だけで意思決定するでしょうか。個人の効用(幸福や満足度)は、経済的な理由だけでなく、非金銭的な理由によっても影響を受けるはずです。

表2-1には、起業家の創業動機に関する調査結果が示されています。「収入を増やしたかった」と

いう経済的な動機が2位に位置している一方で、「自由に仕事がしたかった」という非経済的な動機が最上位となっていることがわかります。非経済的な創業動機として、「社会の役に立つ仕事がしたかった」「趣味や特技を生かしたかった」と答える起業家も少なくないことが示されています。

この表でもう一つ注目したいのは、「適当な勤め先がなかった」と回答している起業家が一定数(6%)いることです。後で取り上げるように、失業したり、定年退職した後に勤め先が見つからなかったりと、起業家になるしか収入を得る手段がないというケースがあります。このようなタイプの起業家は、主に生計を立てることが目的で創業するため、必ずしも新しいアイデアを持っているわけではなかったり、事業拡大の意欲がなかったり、誰かを雇用することも考えていない可能性が高いと考えられます。

このように起業家が持つ動機は実にさまざまであり、表2-1からは自己実現のために起業している人が多いことが示唆されています。

実際、起業家は、平均的に賃金労働者よりも所得が低いにもかかわらず、仕事や人生において高い満足感を得ている傾向があることが報告されています(Blanchflower & Oswald, 1998)。しかし、起業家になることで、相対的に高い満足感を得ている人もそうでない人もいます。他に勤め先がなくて起業家になった人（この後で登場する「生計確立型の起業家」）の満足度が低い一方で、自ら進んで起業家になった人（同様に「機会追求型の起業家」）の満足度は高いこともわかっています（Stephan et al., 2023）。起業家は、他の職業と比べて心理的自律性や独立性を感じることで高い幸福感につながっているようです。この点では、起業家にとっての成否は、経済的なパフォーマンスという尺度だけで判断することは適切でない可能性があります。

機会追求型と生計確立型の起業家

「起業プロセス」の違いによって、機会追求型と生計確立型（あるいは所得追求型）と呼ばれる起業家たちがいます。機会追求型の起業家は、その名の通り、自身で発見した起業機会を追求することを目的とした起業家をさします。他方で、生計確立型の起業家は、他の職業の選択肢がないなどの理由で生計を確立するための必要性に迫られて起業する場合をさします。後者については、失業者が企業などで雇用してもらう機会がなく、生活のための所得を得る手段として起業するというのが典型例となります。

これらの異なる起業家のタイプの間には、経済に対する影響という点で大きな違いがあります。機会追求型の起業家は、成長を志向して価値創出に積極的であるのに対して、生計確立型の起業家は自らの生活のための所得を獲得することが目的であり、価値創出には大きな貢献が期待できないと考えられます。

先進国と途上国の間で、国レベルでの起業活動率(労働人口に占める事業開始に積極的に関わる個人の割合)と経済発展度(一人あたりの所得)の関係が異なることを示す研究があります(Wennekers et al., 2005)。先進国においては、起業活動率と経済発展度は正の相関があり、途上国ではその逆の関係にあります。これは、先進国では機会追求型の起業家の割合が大きい一方で、途上国では生計確立型の起業家の割合が大きいことが背景にあります。実際、これまでの研究からは、生計確立型の起業家ではなく、機会追求型の起業家が増えることで経済成長が実現できるという点が強調されてきました(Acs, 2006)。

革新的起業家と模倣的起業家

革新的起業家と模倣的起業家という区別の仕方があります。前者は、起業家こそが創造的破壊を通して経済発展に寄与するというシュンペーターの理論になぞらえて、シュンペーター的起業家と呼ばれることがあります。革新的起業家は、新しいアイデアを市場で取引可能な製品やサービスに変える役割を果たすことで、経済におけるイノベーションおよび、それを通した経済発展の担い手となります。他方で、模倣的起業家は、革新的なアイデアを持たず、既存企業と最小限しか差別化されない事業を開始するため、経済発展への貢献はあまり期待できません。

1章で論じたように、スタートアップがイノベーション創出に向けて知識生産活動を行うことによって、知識のスピルオーバー（波及）を通して他の企業の知識生産の成果が高まる可能性があります。新しい知識からのベネフィットは、その知識を創出したイノベーターだけでなく、他の企業にも波及します。この点で、革新的起業家の登場は、社会にとってもベネフィットが大きいため、外部性を通した経済活性化の観点からは政府による支援の正当性がより大きいと考えられています。

連続起業家

起業を繰り返し行う個人は、連続起業家（シリアル・アントレプレナー）と呼ばれています。起業経験を通して学習することで、連続起業家は起業に必要なスキルを身につけることができることが示されています（Lafontaine & Shaw, 2016）。

起業家は、一度失敗をしたらそれで終わりではありません。過去の「失敗の経験」から学習することを通して、起業活動に必要なさまざまな知識やスキルを蓄積させることができるでしょう。したがって、連続起業家は、次に起業したときには成功する可能性が高まるかもしれません。

これまでの研究からは、連続起業家は初めて起業を行う個人に比べて、資金調達がスムーズにいくことがわかっています。たとえば、連続起業家はベンチャー・キャピタル（VC）からの資金調達において有利であることを示す研究があります（Zhang, 2011）。興味深いのは、一度だけ起業経験を有する場合と比べて、二度以上の起業経験を持つ連続起業家は、エクイティ・ファイナンス（株式資本による資金調達）とデット・ファイナンス（借入れによる資金調達）の両方において資金調達額が大きいことも示されていることです（Robb & Robinson, 2014）。

なぜ連続起業家は、他の起業家と比べて資金調達においてうまくいくのでしょうか。まず、起業経験の有無は、投資家や金融機関などの資金提供者にとって、出資や融資の意思決定において重要な判断材料になると考えられています。繰り返しの起業経験を持つ個人が優れた起業スキルを有しているとすれば、資金提供者にとっては、このような個人は投資（融資）対象としてリスクが低いと言えるでしょう。起業家に関する情報が限られている中では、起業経験は資金提供者に対する重要な「クオリティ・シグナル」となります。

結果として、連続起業家によるスタートアップの生存確率は高い傾向にあります。しかし、すべての起業家が経験を通して等しく学習するのでしょうか。人は失敗を繰り返すことがあります。失敗経験を通して学習することで次の起業での成功につなげようとする起業家もいれば、失敗しても次に生かすことができず、再度失敗する起業家もいます。いくつかの研究がこの点について興味深い洞察を与えています。

たとえば、英国を対象にした研究では、起業して失敗した経験を持つ連続起業家は、初めて起業する起業家に比べて、次の起業での失敗確率が低い(成功確率が高い)だろうという楽観主義を持っていることが示されています(Ucbasaran et al., 2010)。また、失敗した起業家がすべて次の起業機会において成功するわけではなく、失敗の責任が自分にあると認識する起業家だけが、失敗を通して学習することで、次の起業時に成功しやすいことを明らかにした研究があります(Yamakawa et al., 2015)。

この他の研究からも、連続起業家が必ずしも学習するとは限らないことを裏付けるエビデンスが提示されています。連続起業家になるような個人はもともと備わっている能力が高い傾向があり、他の起業家と属性がもともと異なるという点を考慮すると、実は、連続起業家による学習効果は大きくないことが指摘されています(Rocha et al., 2015)。つまり、連続起業家になるような個人は、平均的な起業家よりも高い能力を持った選ばれたサンプルなのであって、彼らの成功確率が高いのは、過去の起業を通して学習した結果ではないというわけです。より正確には、連続起業家の中で一部の能力を持った起業家のみが繰り返し起業を行う可能性が高く、結果としてこのような起業家の成功確率が高い傾向があるようです。

また、失敗(倒産)を経験した起業家はまた次も同じような失敗をするため、新人起業家との間で創業後の生存率に差がないことを明らかにする研究もあります(Gottschalk et al., 2017)。さらに、「ギャンブラーの破産理論」に基づいた研究によれば、創業後の成否は運に大きく左右されるため、繰り返し起業を行う個人ほど、起業で成功する確率は高まることが示されていますす(Frankish et al., 2013)。連続起業家が成功しやすいのは学習効果によるものではなく、単にチャレンジの回数が増えたことが要因であるのかもしれません。

このように、近年の研究からは起業家が過去の起業活動を通して学習するという考えには疑問が持たれています。起業活動における失敗や連続起業(リスタート)を奨励する風潮がありますが、単に起業を繰り返し行うことを促進すればよいという単純な話ではないのかもしれません。

社会起業家

近年、社会課題の解決に取り組む社会起業家（ソーシャル・アントレプレナー）と呼ばれる人たちの存在が注目を集めています。しかし、研究者の間ではこれまで多くの議論が行われてきたにもかかわらず、社会起業とは何か、社会起業家とは誰かという点については必ずしも合意がなされていないように思われます。

一般的な起業家と社会起業家の間の大きな違いは何でしょうか。最も大きな違いは事業目的の優先順位にあり、社会起業家は経済的価値を獲得するのではなく、社会的価値を創出することに重きを置いていると言えるでしょう（Mair & Martí, 2006）。社会起業家は、他の起業家とは異なり、個人的な利益のために努力するのではなく、社会に利益をもたらすという意図や動機によって行動する存在と言えそうです。ただし、社会起業家といってもさまざまで、経済的価値の創出に重きを置く人もいれば、もっぱら社会的価値を追求する人もいます。社会起業家の大多数はその中間に位置し、社会的および経済的な目標の両方を事業目的として有しています（Estrin et al., 2013）。

社会起業家になる個人はどのような特性を持っているのでしょうか。まず、社会起業家の多くが社会問題の犠牲者であることが指摘されている一方で、彼らの多くは、社会的価値を創造する意義のある活動に強い情熱を持って楽しんで事業に取り組んでいることも指摘されています(Gupta et al., 2020)。また、社会起業家は、利他主義、誠実さ、他者への信頼、共感といった「サーバント・リーダー」(奉仕型リーダー)としての性質を持ち合わせているという点で、他のタイプの起業家とは大きく異なっていると言えるでしょう(Petrovskaya & Mirakyan, 2018)。社会起業家になる個人は、起業家としての自己効力感が大きく、より野心的な目標を掲げていることも示されています(Gupta et al., 2020)。

新しい起業のスタイル――ライフスタイル起業家とハイブリッド起業家

近年、新しい起業のスタイルが注目されています。まず、自主性(自立)を獲得し、質の高い生活を実現するために起業するが、事業拡大の意図を持たない起業家は「ライフスタイル起業家」と呼ばれます(Wallis et al., 2020)。先ほど示した表2-1の創業動機に関して、「時間や気持ちにゆとりが欲しかった」あるいは「趣味や特技を生かしたかった」と答えた起業家の中にはこのタイプが含まれていることでしょう。このような起業家の存在は、特に観光、芸術、スポーツなどの文化的な産業においてよく観察されています。事業拡大の意図がないため、ライフスタイル起業家によるスタートアップは、創業後の成長の可能性は低いでしょう。しかし、このような起業家は、人生の満足度を高める「働き方」の一つとして注目されています。

また、賃金労働者として働きながら自ら事業を営む起業家は、「ハイブリッド起業家」と呼ばれます。アップルの共同創業者であるスティーブ・ウォズニアックは、ヒューレット・パッカードで働きながらアップルを共同創業したことで知られています。ハイブリッド起業家については、これまでいくつかの研究によってその特徴が明らかにされてきました。今勤めている会社を辞めて起業するにはリスクが高いと感じる場合でも、副業という形で働きながら事業を立ち上げることでリスクを抑えることができます。

実際、リスク回避的で自己評価の低い個人がハイブリッド起業家として起業する傾向があります(Raffiee & Feng, 2014)。このような起業家によって立ち上げられたスタートアップは、副業として従事する間に学習することを通して優位性を高めることができるため、賃金労働者から直接フルタイムの起業家となった人によって立ち上げられたスタートアップよりも生存確率が高かったことも明らかにされています。

4章でも詳しく取り上げるように、副業に関するこのような知見は、どのように創業するかという創業時の条件がその後の成功に大きな影響を与えることと関連しています。また、5章で見るように、日本においても今後、副業による起業が増えてくる可能性があるため、ハイブリッド起業家に関する知見が蓄積されていくことが期待されます。

2　スタートアップの異質性

創業間もない企業は、一括りにスタートアップとして議論される傾向があります。実際、すべてのスタートアップは新規性の不利益のような共通した課題を持っています。しかし、それぞれに独自の強みや弱みといった特徴を持っており、一括りにして議論するのは少々乱暴かもしれません。

実は、創業時点においてすでに企業間には大きな異質性が存在しています。新しい企業の創業の経緯はさまざまです。同時に、創業後の企業間の異質性も大きいことが知られています。スタートアップの中には、創業後に成功する企業もあれば失敗する企業もあるという意味で異質性が大きいのです。創業後は勝ち組と負け組に二極化すると言ってよいでしょう。創業時点での異質性と創業後の異質性は、密接に関係していることも重要なポイントとなります。

本節は、企業は創業時点でどのように異なり、それが創業後の戦略やパフォーマンスにどのような影響をもたらすのかについて考えていきます。

新しい企業の「起源」と参入者のタイプ

経済学においては、企業は同質的であり、あらゆる新規参入者(潜在的な参入者を含む)の存在が市場の競争を促進すると考えられてきました。既存企業が価格などの面で新規参入者に対抗しようとするためです。しかしながら、現実には既存企業はあらゆる新規参入者に対抗するわけではないでしょう。なぜなら、すべての新規参入者が既存企業と同じ能力を持っているわけではないからです。新規参入が起こること自体は基本的に市場にとっては良いことですが、すべての企業が市場の競争に影響を与えるとは言い切れません。

すべての企業にとって創業時点では組織レベルでの資源や経験はなく、スタートアップとして同じスタートラインに立っているように見えます。しかし、創業時点で企業が持っている資源や能力には大きな差があります。企業が持つ資源や能力の差はどこから来るのでしょうか。これには、企業の「起源」が大きく関係していると考えられます。企業がどのような経緯やプロセスで誕生したのかということです。

表2-2に示されているように、参入者にはさまざまなタイプが存在します。まず、既存企業がこれまでに携わってきた事業とは別の新しい市場に進出することがあります。古くはホン

ダが二輪車市場だけでなく、四輪車市場に事業範囲を拡大しました。ニデック（旧・日本電産）もモーターに関わる分野において次々と新しい事業に進出して、多角化を進めてきたことが知られています。このような事業の多角化による参入の場合、新しい企業は誕生しませんが、進出先の市場においては参入者であることに違いはありません。

一方で、本書が注目するのは、参入者の中でも新しい会社が誕生する場合です。新しい会社の設立を伴う市場への参入は、大きく分けると親会社スピンオフ（コーポレート・スピンオフ）とスタートアップの2つのタイプがあります。

表2-2　参入者のタイプと既存組織との関係

参入者のタイプ	既存組織との関係
多角化による参入者	同じ企業内での新規事業
親会社スピンオフ	既存企業による新会社設立（資本・雇用関係あり）
スタートアップ	独立した企業の設立
従業員スピンアウト	既存企業の元従業員による創業（資本・雇用関係なし）
大学発スタートアップ	大学の研究者による創業（学生による創業を含む場合あり）
独立系スタートアップ	既存企業からは無関係な形態での創業

出所：Helfat & Lieberman（2002）を参考に筆者作成.

親会社スピンオフとスタートアップ

親会社スピンオフは、既存企業内で発展した新しい事業を切り離して、新しい法人を設立する場合をさします。日本でもこれまで多くの親会社スピンオフが誕生し、大きな成長を遂げてきました。たとえば、ファナックは富士通による親会社スピンオフとして誕生し、その後、ロボット事業を牽引するまでに大きく成長しました。

スピンオフは、親会社にとっては付かず離れずの距離感で、超過気味の管理職数の削減など経営管理上の負担を軽減させ、コア事業のための資源を確保しつつ、新たな事業分野に進出できる手段として有用です。

親会社スピンオフは、独立した組織として柔軟な行動を取れる一方で、親会社の既存の資源を活用できるという意味でスタートアップとは大きく異なります。この点では、親会社スピンオフも、後で取り上げる従業員スピンアウトも、共通する部分が大きいと言えるでしょう。実際、研究によっては、親会社スピンオフと従業員スピンアウトが明確に区別されていないケースも見受けられます。しかし、親会社スピンオフは、法人としては別組織ではあるものの、親会社との間に資本や雇用の関係があり、企業としての独立性は限定的と言えるでしょう。新しい企業の誕生というよりは、既存企業の事業多角化を含めた、事業や組織の再編の一環と捉えるべきでしょう。実際に、親会社のリーダーシップのもとで意図的に一つの事業を新しい会社に移転するわけですから、新しい企業の設立とは大きな違いがあります。

3　ポテンシャルの高い「従業員スピンアウト」

スタートアップは、既存組織から独立した形態で設立された企業をさします。さまざまなタイプの中でも特に最近注目されているのが、既存企業の元従業員によって設立される「従業員スピンアウト」と呼ばれるスタートアップです（Yeganegi et al., 2024）。従業員スピンアウトの最も有名な例の一つは、フェアチャイルドセミコンダクター社から独立したゴードン・ムーアとロバート・ノイスによって、新しい技術を追求するために設立されたインテルでしょう。

従業員スピンアウトは、親会社スピンオフとは異なり、既存企業との資本や雇用の関係はなく、既存企業からは独立して設立されます。従業員スピンアウトは、創業者たちが最近まで勤務していた企業を離れ、関連業界で新しい企業を設立した場合をさします。従業員スピンアウトにもいくつかのタイプがあり、全く同じ業界の既存企業からのスピンアウトもあれば、業界の上流（部品、材料などのサプライヤー）や下流（ユーザー）からのスピンアウトもあります。

なぜ従業員スピンアウトは注目されているのでしょうか。一言で表すとすれば、成長ポテンシャルの高さと言えるでしょう。たとえば、米国のタイヤ産業、自動車産業、半導体産業を対象に分析した研究によれば、既存企業から独立して設立された従業員スピンアウトのパフォーマンスは、それ以外の参入者のパフォーマンスより高いことが示されています(Klepper, 2009)。また、ハードディスクドライブ産業を対象にした研究からは、産業を支配していたリーダー企業が、自社から独立して設立された従業員スピンアウトによって市場でのトップの座を奪われ、従業員スピンアウトが産業の進化のプロセスにおいて大きな役割を果たしたことが明らかになっています(Christensen, 1993)。

このように従業員スピンアウトは、歴史的に見て産業の発展に大きな貢献をしてきており、研究者からも大いに注目されてきました。

従業員スピンアウトの要因

なぜ従業員スピンアウトは登場するのでしょうか。従業員スピンアウトのトリガー(引き金)には、いくつかの可能性があります。これまでの研究において特に注目されてきたのが、勤務先の企業における戦略上の見解の不一致や文化的なフィットの欠如といった、企業と従業員との間の軋轢《あつれき》を要因とする考えです(Klepper & Thompson, 2010)。たとえば、従業員が企業のコア事業とは異なる事業アイデアを追求したいと考えたとしても、官僚主義的な風土を持つ企業はそのような従業員の行動を奨励しないでしょう。

また、企業は予算制約や長期的な視点の欠如などの理由で、不確実性が大きい新規のプロジェクトよりも既存のプロジェクトを優先しようとするかもしれません。このような場合には、起業家気質を持つ従業員はフラストレーションが溜まり、勤務先を離れて新しい事業機会を追求したいと思うかもしれません。

他方で、従業員スピンアウトの登場は、必ずしも軋轢のようなネガティブな理由だけが要因ではなさそうです。たとえば、企業内ベンチャーといった新しい事業への取り組みを行っている既存の組織においては、起業家的な考え方を持つ従業員が増えるかもしれません。このような組織においては、従業員が起業機会を認識する確率が高まり、従業員スピンアウトを生み出す可能性が高まるでしょう(Gompers et al., 2005)。

さらに、従業員スピンアウトは、経営者の交代や倒産などの経営危機といった予期せぬ出来事によって引き起こされることもありそうです。実際、デンマークにおける国レベルの経済状況と従業員スピンアウトの発生確率を調べた研究によれば、経済が停滞している時期に勤務先企業の廃業が原因でスピンアウトが設立される確率が高まることが示されています(Eriksson & Kuhn, 2006)。

従業員スピンアウトのポテンシャルと課題

従業員スピンアウトのアドバンテージには、企業の起源が関係しています。従業員スピンアウトは、たしかに既存組織からは独立して設立されますが、従業員たちはもともと在籍していた組織で多くの経験をしてきています。従業員スピンアウトの創業者は、その経験を通して、当該業界における起業に欠かせないさまざまな知識やスキルを身につけていると考えられます。

従業員スピンアウトの創業者たちは、既存企業において培ってきた技術や市場に関する専門的な知識やスキル、築いてきた取引先や連携先とのネットワーク(社会的資本)を活用することができるでしょう。したがって、従業員スピンアウトは、既存企業における勤務経験に基づいた資源という点において、他のスタートアップと比べて大きなアドバンテージを持つことになります。

既存企業から従業員スピンアウトへ、創業者たちを通してどのような知識やスキルが「移転」するのでしょうか。これまでの研究からは、従業員スピンアウトのパフォーマンスが優れているのは、技術的な知識やノウハウが波及するからということも関係しますが、どちらかというと、市場でのマーケティングのノウハウのような、技術的ではない知識やスキルが移転することがより重要であることが示されています(Agarwal et al., 2004)。

もう一つ、従業員スピンアウトのパフォーマンスが優れている理由があります。それは、投資家や金融機関といった資金提供者、あるいは、潜在的な取引先や連携先に対するシグナリング効果によるものです。前章で述べたように、スタートアップは誕生してから間もないことから、第三者はその事業内容や潜在性について限られた情報しか持っていません。したがって、情報のないスタートアップとの取引の判断をすることは、不確実性が大きく、とてもリスクが高いと言えるでしょう。その点、従業員スピンアウトは、同業界における豊富な知識やスキル、経験を有している創業者たちで設立されているため、第三者から見れば、他のスタートアップと比べて格段にリスクの低い取引先になるというわけです。また、従業員スピンアウトは、出身組織あるいはそこでの取引先とのネットワークという貴重な資源が第三者に対する信頼の高いシグナルとして作用し、アドバンテージを有することになります(Walter et al., 2014)。

結果として、従業員スピンアウトは、資金調達が容易に行えたり、新しい取引先や連携先を開拓しやすかったりすることで、高いパフォーマンスの実現が可能になると考えられます。

しかしながら、従業員スピンアウトに課題がないわけではありません。まず、従業員スピンアウトは、出身組織との分野的なオーバーラップが大きい場合は差別化が難しく、結果として、アドバンテージを生かしきれない可能性があります(Sapienza et al., 2004)。また、従業員スピンアウトの創業者たちが勤務していた既存組織からは、事業分野のオーバーラップが大きい場合には、敵対的な反応を受ける可能性があります(Bahoo-Torodi & Torrisi, 2022)。これらの点から、従業員スピンアウトは、創業者たちの出身組織との適度なオーバーラップを持つ分野で新しい事業を始めることが重要な戦略となりそうです。

スピンアウトを生み出す組織

どのような企業から従業員スピンアウトが生まれやすいのでしょうか。たとえば、スピンアウトを生み出す既存組織の特徴として、企業の規模(大きいか小さいか)や年齢(古いか新しいか)といった点に注目が集まってきました。まず、大きな企業から従業員スピンアウトが生まれやすいことを示す研究があります(Dick et al., 2013)。大企業からスピンアウトが生まれやすい理由としては、大企業ではマネジャーがコア事業とは関連しない多くの事業機会を認識することができないため、従業員に不満が溜まることなどが挙げられています。他方で、全体としては多くの研究において、相対的に小さい企業あるいは新しい企業からのほうが従業員スピンアウトは生まれやすいことが明らかにされてきました(Habib et al., 2013)。

企業の規模や年齢がスピンアウトの創出確率に影響を与えるのは、組織における官僚主義が関係していることが指摘されています(Sørensen, 2007)。大企業あるいは古い企業においては、組織のヒエラルキーが精緻であり、業務がルーチン化しており、従業員個人の役割や組織の規則が明確化されている傾向があります。結果として、このような官僚主義的な組織では、社会的な適合性が重視されることになり、既存の秩序を打ち破ろうというような知的な柔軟性が生まれず、起業機会を追求するような個人は出てこないだろうというわけです。また、このような企業では、従業員は比較的狭い範囲での業務にしか携わることがないと考えられます。これまでの研究からは、起業には専門的なスキルを持つスペシャリストより、多様な職種の経験を持つジェネラリストのほうが適していることが指摘されてきました(Lazear, 2004)。

逆に、小さくて新しい企業では、従業員は多様な業務において職務経験を積むことになり、結果として起業能力が醸成され、大企業勤務の従業員よりは小企業勤務の従業員のほうが起業家になる可能性が高いと考えられます。

スピンアウト輩出のベネフィット

これまでのいくつかの研究からは、従業員スピンアウトを輩出する企業のパフォーマンスが悪化することが示されてきました(Phillips, 2002; Campbell et al., 2012)。その背景には、人材流出(人的資本の喪失)、組織の混乱、競争の激化といった点が指摘されています。輩出する企業にとってみれば、優秀な従業員が流出することになれば痛手となるのは想像に難くないでしょう。また、本節中に言及したように、従業員スピンアウトと輩出する企業の分野のオーバーラップが大きい場合は、両社間で激しい競争が繰り広げられることになるかもしれません。

しかし、別の研究からは、従業員スピンアウトを輩出した企業にとってもベネフィットがあることが指摘されています(Ioannou, 2014)。元来、企業は新しい分野に多角化しすぎることで、中核となる専門性や能力(コア・コンピタンス)を持つ分野に集中できなくなる可能性があります。他方で、スピンアウトを輩出するような企業は、自社の中核的な専門性や能力を失うことなく、従業員によって新しく設立された企業を通して知識のスピルオーバーを享受することが可能になるかもしれません。ただし、ここでもスピンアウトとの分野的なオーバーラップが大きい場合には、輩出する企業側はこのようなベネフィットを得られないかもしれません。

また、従業員スピンアウトを多く輩出する企業は、労働市場において高い評判を得ることにつながり、優秀な従業員を集めやすいというベネフィットがあることが指摘されています(McKendrick et al., 2009)。新しいことにチャレンジすることを奨励してくれるという意味で、従業員として「働きやすい職場である」という評判が得られるかもしれません。また、従業員スピンアウトが成功した場合には、輩出した企業で得られた知識やスキルが独立後の起業活動の足がかりになりうるという評価を得ることにつながることでしょう。

このように、従業員スピンアウトを輩出する企業にとっては、新しく誕生した企業からの知識のスピルオーバーの享受や労働市場での優秀な人材の確保といった観点で、長期的にはベネフィットを得られる可能性が示されています。

ただし、6章で取り上げるように、企業が外部から知識を吸収しようとする場合、それをうまく活用するための体制が整っていなければうまくいきません。日本企業には、組織内部の「吸収能力」(外部の知識の価値を認識して、吸収、活用するために必要な専門知識)が欠如している傾向があります。したがって、組織内部での体制が整っていない状況において、ある日突然従業員スピンアウトを促進しようとしたところで、そこから知識のスピルオーバーなどのベネフィットが得られるわけではないという点に注意が必要です。

4　大学発スタートアップの可能性

大学を起源とした知識(研究成果)を活用するために創出される企業は、大学発スタートアップと呼ばれています。他方で、広義の大学発スタートアップには、研究成果に基づかないが教職員、学生が設立者となる場合も含まれます。経済活性化を支える上で、大学発スタートアップの存在の重要性は広く認識されています(Shane, 2004)。ここでは、主に研究成果をもとに誕生する狭義の大学発スタートアップについて考えていきます。

これまでに登場した大学発スタートアップは、その経済的なインパクトの大きさから経済活性化における期待が寄せられてきました。たとえば、海外に目を向ければ、ジェネンテック(カリフォルニア大学サンフランシスコ校、スタンフォード大学)、アイロボット(マサチューセッツ工科大学)といった大学発スタートアップが大きな成長を遂げたことが知られています。

日本では、１９９８年に大学における技術移転を仲介する技術移転機関(ＴＬＯ)の設立とその活動の支援を行うための大学等技術移転促進法(ＴＬＯ法)、１９９９年には政府資金による研究成果の普及の促進のため、産業活力再生特別措置法(日本版バイ・ドール法)がそれぞれ施行され、大学から産業への技術移転が促進されてきました。それ以前は、公的資金による研究の成果に基づく知的財産は国に帰属することになっていました。

当時の政府の産業競争力会議において「開発者のインセンティブを増し、国の資金による研究開発成果の普及を促進するため、米国のバイ・ドール法を参考として、国の委託研究開発に関する知的財産権について、開発者にその利益を帰属させるための措置を講ずる」ことを決定しています。研究開発を通した成果は、私的利益（研究者個人や組織などの利益）につながるだけでなく、社会的利益に結びつくことがこの措置の背景にあります。研究者の研究開発インセンティブを高めることで、社会にとっても望ましい成果がもたらされるとの考えに基づいているのです。

その後、2001年に経済産業省によって「大学発の特許取得件数を10年間で10倍、大学発ベンチャー企業を3年間で1000社にすること」を目標とする、大学発ベンチャー1000社計画が発表され、さらに推進されてきました。図2-1に示されているように、大学発スタートアップの設立数は、1990年台後半から新型コロナウイルス感染症の発生前までは右肩上がりで増加しています。

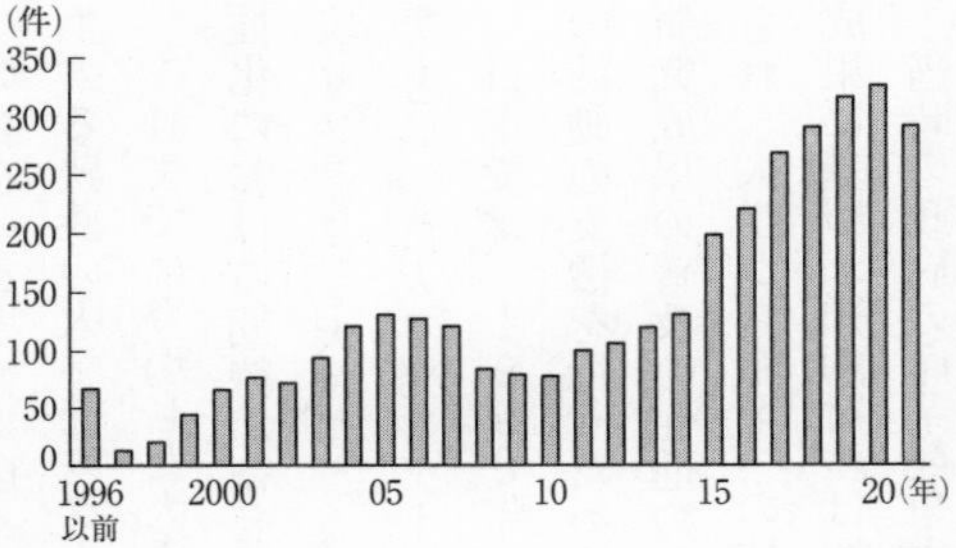

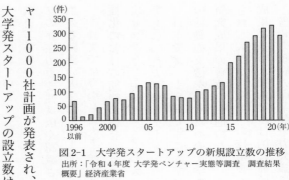

図2-1　大学発スタートアップの新規設立数の推移
出所：「令和4年度 大学発ベンチャー実態等調査　調査結果概要」経済産業省

大学発スタートアップの創出要因

大学発スタートアップの創出には、どのような要素が影響を与えるのでしょうか。これまでの研究から大きく分けると、（1）起業家（研究者）の個人特性、（2）大学のサポート体制、（3）起業環境の3つが挙げられています。

大学発スタートアップの創出を決定づける上で重要な研究者の個人特性は、何よりも「研究の卓越性」です。スター・サイエンティストと呼ばれるトップの研究者は、産業への技術移転において他の研究者と比較して熱心な傾向があることがよく知られています。実際、優秀な研究者ほど起業活動を行う可能性が高いのです（Fuller & Rothaermel, 2012）。このような研究者は自身の研究成果の実用化への意欲があり、質の高いシーズを持っていると言えるでしょう。また、過去に産学連携の経験を有する大学の研究者は起業活動に従事する傾向があります。

大学のサポート体制に関しては、大学内のＴＬＯの役割が注目されてきました。ＴＬＯは、特許の出願や管理、ライセンシング、大学発スタートアップの設立など、研究成果の産業への技術移転をサポートします。ただし、ＴＬＯによるサポートの有効性については、スタッフの能力や数に依存する傾向があります。ＴＬＯのスタッフは研究者と大学の双方の代理人として、大学からの技術移転の運営におけるキーパーソンと考えられています。研究についての理解も必要になるだけでなく、産業界での経験やネットワークの強さも求められます。海外の大学においては、スタッフの中に博士号取得者を含め高学歴の者が多く見受けられます。しかし、一般的に、このような人材を確保することは容易なことではありません。

これまでの研究からは、大学の研究者の起業活動を促進する上で、TLOのスタッフに対する金銭的な待遇を高めることで優秀なスタッフを確保し、起業活動の支援に取り組むインセンティブを高めることが重要であると指摘されています（Markman et al., 2004）。

また、大学のサポート体制として、もう一つ重要なのが資金面での支援です。通常、ベンチャー・キャピタルはシード（創業から間もない）段階の企業に対して投資しません。大学発スタートアップのような研究開発型スタートアップにとって、シードあるいはアーリー期と呼ばれる高いリスクがあって情報の非対称性が強い時期には、エクイティによる資金調達が特に困難になる傾向があります。この点で、大学発スタートアップの資金調達においては、大学による独自のシード・ファンドが鍵を握ることになります（Munari et al., 2015）。

大学発スタートアップの創出における、大学のサポート体制の役割についての研究をもう少し紹介しましょう。たとえば、イタリアの大学発スタートアップに関する研究によれば、ビジネスプラン・コンテストやTLOの有無といった大学のサポートの重要性はそこまで高くない一方で、実験室などの大学のインフラへのアクセスの重要性が高いことが示されています(Fini et al., 2009)。興味深いことに、この研究からは、さらなる研究費や設備の獲得といった大学におけるベネフィットの付与、および個人の貯蓄の増加、名声や評判、新たな研究上の刺激やアイデアといった個人的なベネフィットが、大学発スタートアップ創出の重要なインセンティブとなっていることが明らかにされています。

大学発スタートアップ創出に影響を与える起業環境には、起業に必要な資源やネットワークへのアクセスの良さ、政府からの支援の有無などが挙げられます。起業活動に必要な資源として、資金調達がしやすい地域(特にベンチャー・キャピタルへのアクセス)やサービスインフラが充実しているか否かなどが挙げられます。大学内だけでなく、大学が立地する地域での環境整備が大学発スタートアップの創出において鍵を握ると言えるでしょう。この点は、3章でのスタートアップ・エコシステムの説明と深く関連しています。

大学発スタートアップの成功への課題

大学発スタートアップの創出が実現したとして、うまく成長できるかどうかはまた別の問題です。大学発スタートアップの成長への課題として、どのような点があるのかを考えていきます。

これまで、多くの研究者が起業活動を含めた商業化活動に必要なスキルを習得しようとしないため、起業家として適していないという面が指摘されてきました。そもそも大学の研究者は、研究活動を行うことが何より好きな生き物です。起業家になることによる研究キャリア上の利点はほとんどないため、多くの研究者は起業活動への関心がありません (Rasmussen & Borch, 2010)。また、研究者にとって起業活動に従事することは、研究に割く時間を減らすことを意味します。逆に、研究者が起業活動に携わりながらも研究を優先し続けると、関与する企業のイノベーション活動の生産性が低下することが指摘されています (Toole & Czarnitzki, 2009)。同時に、研究者による起業活動がアカデミアの「頭脳流出」につながり、知識生産活動に悪影響を与えるという懸念も指摘されています (Toole & Czarnitzki, 2010)。研究活動と起業活動を両立するような「両利き」の研究者はなかなか存在しないのが現状と言えるでしょう。

したがって、産業界から「代理起業家」と呼ばれるようなプロフェッショナル経営者を雇用してチームに加えることが、大学発スタートアップの成功の鍵になることが明らかにされています (Franklin et al., 2001)。

このような点を考慮すると、大学発スタートアップを促進する政策的な観点からは、起業スキルを持たない研究者による起業活動を促進することには慎重になるべきかもしれません。大学のTLOのスタッフの能力に関しても同様のことが言えます。残念ながら、日本においては、起業活動に必要なスキルやネットワークを持ち合わせているスタッフは、一部の大学を除き、多くの大学にはいないのが現状ではないでしょうか。

大学からの産業への技術移転を実現するチャネルは、起業活動以外にもいくつか存在しています。ライセンス供与、受託研究などを通して、大学で生み出された知識は産業へと移転します。すでに述べたように、研究者による起業活動は研究に費やす時間を減らすことにつながるだけでなく、設立された企業の生産性にも悪影響を及ぼす可能性があります。このような課題を生じさせず産業への技術移転を実現するためには、起業活動以外のチャネルの活用を促進するほうが効果的かもしれません。あくまでも起業活動は、技術移転のチャネルの一つであることを忘れてはいけません。

また、大学からの技術移転に関しては、研究者だけでなく、卒業生や学生によるスタートアップも注目されています。米国の大学を対象とした研究によると、自然科学分野における大学の卒業生によるスタートアップは、研究者(教員)によるスタートアップよりも数と質ともに大きく上回っていることが示されています（Åstebro et al., 2012）。この点は大学教員が研究や教育を犠牲にして起業活動を通して知識を移転するより、大学における教育を通した知識のスピルオーバーを促進することの重要性を示唆しています。

大学教員による起業活動を促進すべきでないと主張したいわけではありません。大学の研究者の本来の業務に支障のない範囲でスタートアップ促進を進められるような、サポート体制や環境整備の必要性を強調したいのです。たとえば、日本の多くの大学において、大学教員は研究と教育だけでなく、学内行政（入学試験、各種役職、広報活動など）で忙殺されているのが現状です。これらの活動にあてる時間を減らすことなく、追加的に起業活動を含め商業化活動に従事することは現実的に容易なことではありません。日本の大学の研究者にとって、研究に割く時間は年々減少していることも指摘されています。

最近は、社会科学分野でも起業活動に従事する研究者の数は増える傾向にありますが、もともとアカデミックな知見を実用化することに熱心な研究者によるものと考えられます。研究活動に支障のない形で大学発スタートアップを含む商業化活動を促進するためには、大学自身の改革だけでなく、政府による抜本的な制度の見直し（大学への助成金の増額など）も必要かもしれません。

5　多様性の理解に向けて

本章は、起業家やスタートアップの多様性について概観してきました。起業家やスタートアップと言っても動機もタイプもさまざまであり、一律に論じることが難しいことをわかっていただけたのではないでしょうか。このような多様性を理解することは、今後の経済活性化や働き方に関する議論において有用な手がかりとなるかもしれません。特に、経済活性化に貢献するスタートアップへの支援を検討する際には、起業家がイノベーションや成長への志向を持っているかどうかといった点を考慮することが重要になるでしょう。

現実には、これらの起業家やスタートアップのタイプを明確に区別することは容易ではありません。たとえば、革新的起業家と模倣的起業家の区別はやっかいです。革新的起業家の場合、何をもって「新しい」アイデアを持った起業家と言うのかについて、必ずしも基準があるわけではありません。社会起業家に関しても同様です。

研究においては、このような多様性を前提にして、あるタイプのスタートアップだけを対象に分析が行われることもあれば、対象は絞らずに異なるタイプ間の違いに注目する分析が行われたりします。近年でこそデータが整備されつつありますが、これまでの研究においては、データの制約もあり、起業家やスタートアップの異質性について、必ずしも明確に区別できていない場合が多いと考えられます。起業家やスタートアップのタイプごとの違いについての研究は、今後の発展の余地が大いにありそうです(Coad et al., 2023)。

第Ⅱ部　スタートアップの登場・成功を探る

第3章　スタートアップの登場要因

1　スタートアップの登場要因を探る理由

どのような個人が起業家になるのでしょうか。どのような状況で新しい企業が誕生するのでしょうか。本章では、スタートアップの登場要因について考えていきます。具体的な要因について論じる前に、スタートアップの登場要因を探ることの意義はどこにあるのかについて明らかにしておく必要がありそうです。スタートアップの登場要因を知ることは、何に役立つのでしょうか。

まず、起業家になる個人の特徴が明らかになることで、起業に関心を持つ人、あるいは実際に起業する人をどのようにすれば増やすことができるかという点を探る上で貴重な手がかりが得られるかもしれません。たとえば、本章で詳しく扱うように、学歴の高い個人は起業機会を認識する可能性が相対的に高いとすれば、人的資本への投資といった施策の重要性が明らかになるでしょう。また、起業家とのつながりが人々の起業への関心を高めるのであれば、起業家を招いたイベントを開催することが重要な施策になるかもしれません。

研究者は、スタートアップの登場要因として、個人あるいは国、地域、産業などの環境の特性について明らかにしようと取り組んできました。これまで多くの知見が示され、各国の政策現場で大いに活用されてきたはずです。一方で、さまざまなテーマにおいてまだ十分にわかっていないこともあります。たとえば、2章で述べたように、多様なスタートアップ(起業家)が存在することは、われわれ研究者にとってみれば、悩みの種になります。言うまでもなく、起業には多様な動機があり、それぞれの起業家が持つゴールも異なるでしょう。研究開発型スタートアップもあれば、そうでないスタートアップも存在します。したがって、スタートアップの登場要因を一律に分析して、共通した要素を示すことは容易なことではありません。

では、研究者はどのように分析するのかというと、成長志向や研究開発への取り組みなどのスタートアップが持つ志向やタイプの違いを考慮することが必要になってきます。「考慮」といっても多様な方法があります。ここでは深掘りはしませんが、簡単に言えば、何らかの共通した特性を持つ企業のみを対象に分析するとか、データ分析においてさまざまな特性をコントロールするとか、可能な限り、企業の「異質性」を取り除いた上で分析する、ということになります。

経済学や経営学といった社会科学分野における研究においては、自然科学分野と比べると「再現性」には限界があるかもしれません。しかし、研究者たちは、制度や文化といった異な

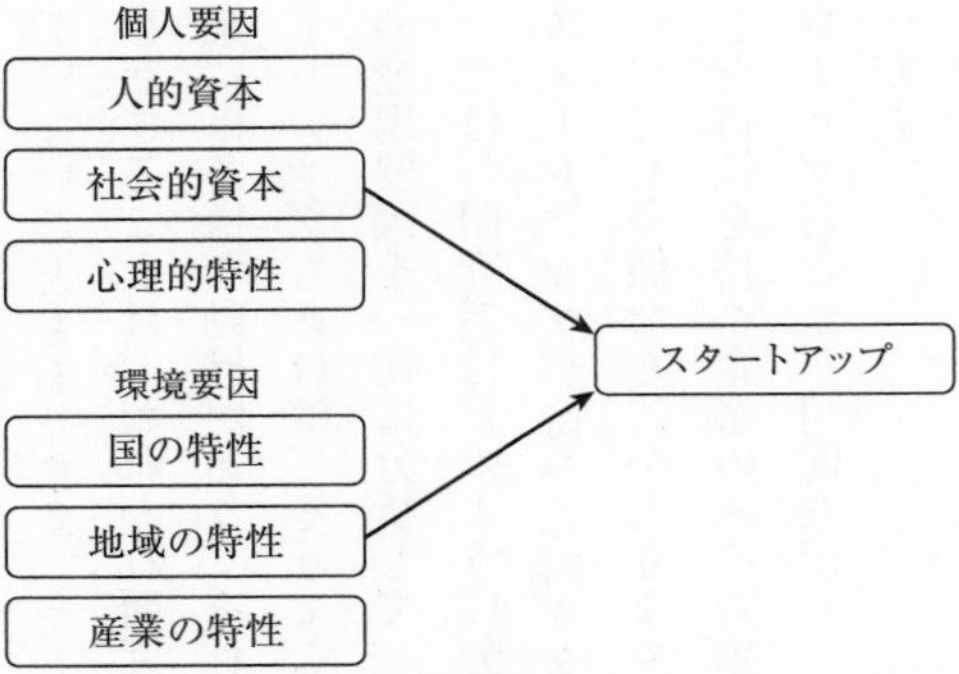

図3-1　スタートアップの登場要因(主要なもの)

るコンテクスト(背景)を持つ国、地域、産業を対象にした研究を行ったり、異なる統計的アプローチを採用したり、異なる理論を通して考えたりして、スタートアップの登場要因について多くの定型化された事実を発見してきました。

図3-1のように、スタートアップの登場要因は大きく分けると、個人要因と環境要因に分割することができます。スタートアップ(起業家)の個人要因として、人的資本、社会的資本(社会関係資本)、心理的特性の3つの要素が注目されてきました。この他にも、個人にとってのロールモデルの存在は、起業の意思決定において重要な役割を果たします。スタートアップの環境要因は、国の特性、地域の特性、産業の特性の3つの要素からなります。それぞれ順に考えていきましょう。

2　起業家の個人特性

どのような個人が起業家になるのでしょうか。まず、起業家になるような個人はどのような特性を持っているのかを考えていきます。

読者の皆さんは、起業家というと、どのようなイメージをお持ちでしょうか。海外に目を向ければ、アップル創業者のスティーブ・ジョブズ、テスラ創業者のイーロン・マスクあたりを思い浮かべる方が多いかもしれません。国内では、ソフトバンク創業者の孫正義、楽天創業者の三木谷浩史などでしょうか。一昔前では、松下電器(現パナソニックホールディングス)創業者の松下幸之助や本田技研工業創業者の本田宗一郎が起業家として名を馳せました。

このような有名な起業家は、大抵は「成功した起業家」です。創業前後の苦労話を含めた起業家のサクセス・ストーリーはさまざまなメディアで取り上げられ、わたしたちに夢や希望を与えてくれます。一方で、このような起業家は、この世に登場した起業家の中のほんの一握りであり、必ずしも起業家の平均像を表しているとは言えないでしょう。世の中の典型的な起業家は、どのような特性を持っているのでしょうか。

不確実性とリスクの負担

なぜ多くの人が起業しない中で、一部の人だけが起業するのでしょうか。前章で取り上げたように、人々が起業するきっかけはさまざまです。起業家は、自身の新しいアイデアを生かして利潤を獲得できる機会（費用を上回る価格で販売できる機会）を発見し、起業を実現していきます。他の誰もその機会を発見していないときでなければいけません。すでに誰かにその機会を発見されていれば、利潤を得る機会が狭まるからです。

たとえば、多くの企業が従業員の給与明細や源泉徴収票を作成、印刷、封入して紙で配付していたところに、クラウド上でこれらのすべてを管理してメールで配付できるようなサービスを思いついたとしましょう。しかし、このようなサービスをすでに誰かが発見していれば、十分な利潤を獲得できる機会は乏しいかもしれません。ただし、類似したサービスであったとしても、より便利な機能を付加したり、より安価で提供できたり、何らかの差別化を図ることで利潤を獲得できる機会は残っているかもしれません。また、全く同じサービスであったとしても、サービスが提供されていない地域に進出するといったような、地理的な差別化の余地もあるかもしれません。このように、新しい事業を始めることで利潤を獲得できる機会のことを

「起業機会」と呼んでいます。

しかし、自分自身で利潤が得られると思って取り組んだ製品やサービスに関して、実際には十分に利潤が得られないかもしれないということに留意しなければなりません。想定しているほど当該の製品やサービスを使いたいと思う人は多くないかもしれませんし、新しい価値を生み出せると信じていたとしても、資源の仕入れ価格以上の価値を生み出せないかもしれません。そもそも想定した資源が手に入らないかもしれません。このように、起業家が自身で考えた製品やサービスが将来いくらで売れるか、どれだけ売れるかを予測することはとても難しいのです。新しい事業を始めることは、大きな「不確実性」と隣り合わせであると言えるでしょう。

したがって、起業する個人は、事業を通して利潤を獲得するためには、不確実性を負担することが必要な条件であると言えるでしょう。もし、起業家が直面している機会に不確実性がなく、製品やサービスの価値が事前にわかっているならば、彼らに供給する資源の所有者は、その価値に見合う高い価格を付けるかもしれません。また、消費者のニーズの有無が事前にわかるならば、他の起業家と競合するかもしれません。この点では、起業家が利潤を獲得できるのは、資源や製品・サービスの価値の評価において、彼らと同じ考えを持っている他人がいないことが条件となるでしょう。

このように、起業家は大きな不確実性のもとで、将来に関する推測を通してさまざまな意思決定を行わなければなりません。彼らは自身の判断が正しければ利潤を獲得でき、誤っていれば利潤を獲得することができません。

起業家は、将来どうなるかわからないという意味の不確実性だけではなく、失敗する確率が高いという意味での「リスク」を負担することになります。一般的には、高い報酬を得ることを望む場合、負担するリスクは高くなる傾向があります。逆に、低い報酬を求める場合、負担するリスクは低くなる傾向があります。1章で言及したように、創業した後に成長を実現できるのは、一部の企業に限定されます。成長を通して大きな利潤を得ようとすればするほど、起業家が負担するリスクは高くなると言えるでしょう。

これらの点において、不確実性とリスクを負担しようとする個人、あるいは少なくとも、これらの負担を厭《いと》わない個人が起業家になろうとするということが言えそうです。ただし、2章で明らかになったように、起業家やスタートアップにはさまざまなタイプがいるため、これらのタイプ間で負担する不確実性やリスクの程度には差があるかもしれません。

起業家と経営者の違い

起業家は、新しい企業を設立して経営者となります。起業家は企業の創業者ですが、創業者ではない企業の経営者もいます。創業者ではない企業の経営者とは、創業者のあとに経営者となった後継者のことをさします。企業内部からの昇格の場合もあれば、外部からの招聘《しょうへい》の場合もあります。ファミリー企業のように、創業者の親族が後継者となる場合もあります。起業家は、創業者ではない企業の経営者（後継者）と何か違いはあるのでしょうか。

起業家は、まだ世の中に存在していない事業に取り組み、新たに企業を作り上げ、取引先を開拓していかなければなりません。そのため、さまざまな不確実性やリスクを負担することになります。一方で、創業者ではない経営者も、技術変化やライバル企業によるイノベーションのような取り巻く環境の変化に直面するでしょう。彼らは、このような変化に対して自社の事業をうまく適応させなければなりませんが、既に存在する事業と組織の存続や、せいぜいさらなる成長を担うという意味で、負担する不確実性やリスクは起業家と比べて相対的に小さいと言えるでしょう。経済学者のナイトは、創業者ではない経営者の活動は、労働の部類に入るルーチンに近いと指摘しています。

起業家は創業した企業の代表者となり、創業者ＣＥＯ（最高経営責任者）と呼ばれます。創業者は、自身で立ち上げた事業に多大な思い入れがあり、創業前から多くの困難を乗り越えた経験を持っています。そのため、後継の経営者と比べると、創業者CEOである起業家は、レジリエンスを持っていると言われることがあります(Honjo & Kato, 2022)。レジリエンスとは、苦境を乗り越えられるような心理的な特性(能力)をさします。起業家は、少々のことでは挫折しないようなタフさを持っていると言えるかもしれません。

他方で、後継者となる経営者が起業家と比べてすべての点で劣っているわけではなさそうです。起業家は自身で立ち上げた事業に思い入れがあるがゆえに、自社の評価において客観性に欠けるかもしれません。企業が誕生する際は、創造性やリーダーシップが求められ、不確実性やリスクを負担して、さまざまな苦境を乗り越える能力が求められます。しかし、企業が成長していくにつれて経営者に求められる能力は変化していくことになります。たとえば、創業当時は小規模な組織においてメンバー間で頻繁なコミュニケーションを通して問題解決を行ってきたものが、成長するにつれて多くの新しい従業員が加わることで多様かつ複雑な組織を管理する業務が発生します。中央集権的な組織構造から、分権的な組織構造へ進化して、各部門のマネジャーへの権限の委譲も進んでいくでしょう。その意味で、創業時の起業家に求められたリーダーシップよりも、管理、調整といった能力のほうが必要となっていきます。

起業家はゼロから何かを立ち上げるのは得意かもしれませんが、組織を維持、管理する業務は得意でない場合もあるかもしれません。その場合は、創業後の適当な時期に適切な後継者（たとえば、他社で経営経験を持つ者）にバトンタッチすることは、企業がさらなる成長を実現する上で重要かもしれません。実際に、創業者ＣＥＯから後継者にバトンタッチすることでさらなる成長が実現できることが示されています（Chen & Thompson, 2015）。他方で、危機に直面するときには創業者ＣＥＯが力を発揮する可能性が高いことが示唆されています（Honjo & Kato, 2022）。

このように、起業家と経営者は、必ずしもどちらが優れているということではありません。起業家はゼロからの事業立ち上げ、経営者は既存事業の継続と成長のように、役割が異なるため、必要な能力も異なります。

起業機会の発見と個人が持つ知識

起業機会の発見は、さまざまな個人の特性と密接に結びついています。たとえば、起業機会の発見においては、個人が持つ知識、より広く言えば、知識を含めたさまざまな情報が関係しています（Shane & Venkataraman, 2000）。人々が持つ知識（情報）は、経験を通じて作り出されます。言うまでもなく、個人間で経験には大きな差があり、それぞれがユニークな知識を有しています。

たとえば、個人間で受けてきた教育の長さや種類はさまざまです。高校卒業後に就職する人もいれば、大学に進学する人もいます。大学で経済学や経営学を学ぶ人もいれば、コンピューター・サイエンスや量子力学を学ぶ人もいます。大学院に進学して修士号や博士号の学位を取得する人もいます。このような学歴だけでなく、職務経験を含めたさまざまな経験を通して人々が持つ知識は形成されていきます。たとえば、既存企業で働くことによって、サプライヤーやユーザーの情報を含めて業界の知識が養われるはずです。このような経験の違いから、個人が持つ知識の量や範囲は大きく異なってきます。

実際、個人間の知識の違いによって起業機会の発見の確率が異なることが知られています。たとえば、クラウド会計ソフトを事業化しようと考えている個人がいたとしましょう。知識の内容やレベルはさておき、会計について何の知識も経験もなく会計ソフト事業における起業を決意する人がいるでしょうか。おそらく思い浮かべることすらしないでしょう。会計に関する業務に従事していたり、自ら従事していなくても、従事している誰か（親、友人など）に話を聞いたり、会計の勉強をしているなど何らかの知識を有しているはずです。そのような経験をもとに起業機会を認識するに至るのであり、事業のアイデアがいきなり天から降ってくることはありません。起業機会の発見は、人々がそれぞれの経験を通して得た何らかの知識や情報が引き金になるはずです。

また、個人が持つ認知能力や情報に対する感度といった特性も、起業機会の発見と関係しています。特に、知的能力の優れた個人は、さまざまな情報の中で起業機会を適切に認知する能力が高いことが示されてきました(Shane, 2003)。

起業家の人的資本

人々が持つ知識や能力のことを「人的資本」と呼んでいます。人的資本には大きく分けると、汎用型人的資本と特殊型人的資本の2つのタイプがあります。汎用型人的資本は、教育などを通して形成される分析や問題解決のためのスキルをさします。このような能力は、一部の業界や特定の職種のような特殊な状況だけでなく、あらゆる状況において有益であるため、汎用型人的資本と呼ばれています。

学校におけるフォーマルな教育は、人々が持つ知識、スキル、意欲、あるいは、自信の源泉になると見られています。汎用型人的資本の水準が高い個人は、不確実性やリスクを適切に扱う能力を持っていると考えられています。また、複雑な問題に対処する能力に長《た》けている可能性もあります。しかし、実は、学歴と起業機会の発見と活用の関係は単純ではなさそうです。

たしかに、学歴が高い個人ほど起業機会を認識する可能性が高いことを示す研究があります (Ucbasaran et al., 2008)。しかし、このような個人は起業機会を認識したとしても、実行に移すとは限らないのです。

そこには機会費用という概念が関係しています。機会費用とは、ある選択をすることで失う、他の機会で得られたはずの利益のことをさします。学歴が高くなるにつれて高い賃金を得られる傾向があります。学歴の高い個人は、起業以外の魅力的な就業機会を多く持っています。学歴の低い個人と比べて、このような個人は賃金労働者になれば高所得を得られる機会を多く持ちます。つまり、起業しなくても高い賃金を得る機会が他にたくさんあるので、学歴の高い個人は、低い個人に比べると、起業家になることの機会費用が高いのです。したがって、学歴の高い個人は起業機会を認識する可能性は高くても、機会費用を考慮すると、起業に踏み切れない場合があるというわけです。

言うまでもなく、個人には職業選択の自由が保障されています。他の条件が同じならば、高い所得を得られる職業を選ぶのは合理的な意思決定と言えるでしょう。起業家として事業を通して得られるであろう所得よりも、大企業などに勤務して高賃金を得られるならば、わざわざ不確実性やリスクを伴う起業を選択しないかもしれません。実際、学歴の高い個人が起業機会を認識する確率は学歴が低い個人と比べて高い傾向がありますが、実行する確率には学歴による差がないことを示す研究があります（Ucbasaran et al., 2008）。

最近の研究からは、学歴と機会費用の観点から興味深い洞察が示されています（Ahn & Winters, 2023）。多くの研究は、単に学歴が高い個人が起業家になる確率が高いかどうかを分析したに過ぎません。ところが、この研究は、学校教育を受けた年数が増えることによって起業確率が上昇するのかという、因果関係を明らかにしようと取り組んでいます。この研究によれば、学校教育をより長く受けることで、高成長産業での起業確率が上昇するというものでした。逆に、教育の年数が増えることによって衰退産業における起業確率は低下することが示されています。要するに、学歴の高い個人は相対的に成長意欲が高く、起業することによって機会費用以上の利益獲得が可能な潜在性の高い事業機会のみを活用すると推察されます。

２章で取り上げたように、起業家にはさまざまなタイプがいます。教育を通した汎用型人的資本の水準の向上を通して、機会追求型の起業家が増加する傾向がある一方で、生計確立型の起業家は減少する可能性が示唆されています。ここでもまた、起業家のタイプを考慮することの重要性が明らかになりました。

一方で、特殊型人的資本とは、一部の業界や職種といった特定の状況において力を発揮する知識やスキルのことをさします。たとえば、ある業界の職務経験を通して得たその市場に関する情報のような知識は、当該業界だからこそ活用できるものです。また、研究開発や製品開発といった技術的あるいは専門性の高い経験も同様です。技術的な知識の一部は、一つの業界に限らず、あらゆる業界で活用できるかもしれません。しかし、医薬品の開発に必要な技術的な知識や医薬品市場における競争状況は、クラウド会計ソフト分野における職務経験を通しては得られないように、業界を超えて移転できない知識は少なくありません。

このような知識や能力は、応用範囲が狭い反面、特定の状況においてはすぐに力を発揮する即戦力となりうるという強みがあります。2章で取り上げた従業員スピンアウトは、まさにこの業界経験を持つ起業家によって設立されます。業界の知識を持っていることで起業機会を認識して実行する可能性が高まると考えられます。

また、起業経験や会社の経営経験を通して、別の起業機会に触れる可能性は高まるでしょう。仮に一度失敗したとしても、起業を通して学習することで、起業に必要な知識やスキルを含めて重要な情報を獲得できるかもしれません。

もう一つ、起業家になる個人の特性として、2章で言及したように、経験した職種の多様性が重要であることが指摘されてきました。起業家は新しく設立した企業でさまざまな役割を担う必要があります。時に、技術、マーケティング、営業など多くの分野にわたる知識や経験が求められます。これまでの研究において、起業家はある一つの能力に秀でている必要はないが、過去に経験した職務上の役割の数が豊富な個人は、賃金労働者ではなく起業家になる可能性が高いことが示されています(Lazear, 2004)。この関係は、他の要因を考慮しても成立することがわかっています。つまり、起業家は多くのスキルを持っていることが示唆されています。「起業家はよろず屋でなければならない」というこの仮説は、他の研究者によって数多く検証され、支持される傾向にあります(Wagner, 2006)。

起業家の社会的資本

人的資本と並んで、起業機会の認識と実行において重要な役割を果たすのが、個人が持つ社会的つながりです。社会的つながりは、「社会的資本」(社会関係資本)と呼ばれています。人々が持つネットワークの大きさ、と言ったほうがわかりやすいかもしれません。われわれは社会において多くの人々と関わっていて、その関わりを通してさまざまな情報に触れることになります。社会的つながりを通して、信頼が形成されていくこともあります。

このような社会的資本は、家族や友人のような強いつながりに加えて、名刺を交換した程度の関係やSNSを通してつながっている程度の弱いつながりから形成されます。強いつながりについては、たとえば家族が経営者である場合は、コストをかけずに外部のネットワークやそれを通した情報へのアクセスが容易になるかもしれません。他方で、弱いつながりだからといって重要度が低いわけではありません。SNSを通して発信された最新の業界動向を知ることができたり、思いがけないアドバイスを受けたり、弱いつながりを通して貴重な情報にアクセスすることができます。結果として、社会的資本の水準が高い個人ほど容易に起業機会にアクセスすることができ、起業確率が高いことが示されています(Davidsson & Honig, 2003)。

心理的特性

起業家はどのような心理的特性を持っているのでしょうか。この問いには多くの研究者が取り組み、興味深い洞察が得られています。起業家になるような個人は、タスクを遂行する能力に関する信念である「自己効力感」が高い傾向があることがわかっています(Cassar & Friedman, 2009)。自己効力感とは、人間行動に関する重要な概念で、個人の選択や努力などの行動に対して多大な影響を持ちます。自己効力感は、過去における自身の達成経験や周りの人の成功を観察することによる追体験によって形成されていきます。また言語的説得という、自分の能力に関して親や同僚、友人などの周りの人から励ましを受けることで形成されたり、不安やストレスのような感情や生理状態にも影響を受けたりします。

「自信過剰」な個人が起業家になる傾向があることもわかっています（Forbes, 2005）。1章で取り上げたように、多くの起業家は創業間もない時期に事業でうまくいかず退出します。「過剰参入」の問題として、経済学においてはたびたび取り組まれてきた問題です。人々が持つ合理性は限定的であり（限定合理性と呼ばれる）、多くの起業家は創業の意思決定における事業機会の評価を誤ると考えられます。起業家が自身の事業はきっと成功するだろうと考えて起業に踏みきるものの、実際には多くの事業は成功しないわけです。興味深いことに、自身の起業能力やスキルについて自信過剰な起業家によるスタートアップは、創業後の生存確率が低いことが示されています（Koellinger et al., 2007）。

このように、意思決定者がある状況における自身の判断の正確性に関して、過度に楽観的であるという人々の認知バイアスは自信過剰と呼ばれています。多くの意思決定者は、予測能力において自信過剰であり、不確実性が存在することを認識していない傾向があることが示されています（Busenitz & Barney, 1997）。

創業するかしないかという意思決定は、創業後に成功できるか否かに関する情報が十分にない状況で行われなければなりません。そのため、個人が持つ自信過剰の有無が強い影響を与えます。実際に、どのくらい起業家が自信過剰であるかについて示した研究を紹介しておきましょう(Cooper et al., 1988)。

米国の約三千人の起業家を対象にした研究において、「あなたの事業が成功する確率はどれくらいですか?」という質問をしたところ、81%の起業家が11段階中(0:低い成功確率、10:高い成功確率)7以上と回答したという結果が示されています。そのうち、11段階中9と回答した起業家は20%、10と回答した起業家は33%に上りました。さらに面白いのは、同じ起業家を対象に「あなたの事業と類似した事業の成功する確率はどのくらいですか?」と尋ねたところ、11段階中7以上と回答した起業家は39%しかいなかった点です。自身の事業が他の類似した事業よりも劣っていると回答した起業家は全体の5%、同等程度であると回答した起業家は27%、優れていると回答した起業家は実に68%であったことも明らかにされています。

これまでの研究からおおむね明らかになっていることは、起業家は典型的な経営者と比べて自信過剰であるということです。逆に言えば、それくらい強い自信を持っている人でないと不確実性やリスクの高い起業という意思決定はできないのかもしれません。

起業家にとってのロールモデル

起業家特性として本人の属性に加えて、周囲にロールモデルがいるかどうかが、起業の意思決定に影響を与えることがよく知られています（Abbasianchavari & Moritz, 2021）。

人々が起業活動の魅力や真実を理解する上で、自身にとってのロールモデルが重要な役割を果たします。ロールモデルがいることで、起業家になることの魅力や起業家としての自己効力感が高められるからです（van Auken et al., 2006）。また、ロールモデルに触れることで、起業に対するあいまいなイメージや懸念が軽減されると考えられます。その結果として、人々の起業意図が芽生え、実際の起業活動へとつながっていく可能性が高まります。

社会的学習理論によれば、人々は、社会的なつながりの中で、自身も共感でき、自身も関わりたいと思う分野で活躍している他者を観察することを通じて学んでいきます。したがって、社会において起業家のロールモデルを積極的に示すことは、起業活動を促進する上で重要な役割を果たすと考えられています。

起業家のロールモデルは単に手本を示すだけにとどまりません。起業家のロールモデルは、（1）インスピレーションと動機づけ、（2）自己効力感の増大、（3）模範による学習（行動の指針の提供）、（4）支援による学習（実践的な支援や助言の提供）、という4つの機能を持つことが指摘されています(Bosma et al., 2012)。

誰がロールモデルとして鍵となるのでしょうか。家族(特に両親)、友人や知り合い、先生(メンター)などに着目した研究があります。また、成功した起業家のロールモデルは、起業活動の実現可能性を強く認識させる意味で重要な役割を果たすことが明らかにされています(Krueger & Brazeal, 1994)。他方で、成功した起業家だけでなく、失敗した起業家がロールモデルとして人々の起業意図を高めることを示す研究もあります(Chen et al., 2016)。

起業家の登場を促進するためには、家族や友人などの身近なロールモデルの存在が重要な役割を果たすことを理解する必要があります。

起業家の平均像

実際の日本の起業家の個人属性を見ることで、その平均像に迫ってみましょう。表3-1には、日本における起業家の年齢や性別、学歴、経験といったさまざまな個人属性が示されています。この結果のもとになった調査は、日本政策金融公庫で融資を受けている企業が対象になっています。そのため、融資前の審査を通過して事業の質が保証されている企業のみが対象になっている点には留意が必要です。

この表に示されている通り、創業時の年齢は40歳代が最も多く、次に30歳代が続いています（平均年齢は43・5歳）。40歳代、50歳代、60歳以上を合わせると全体の約62％を占めています。創業は決して若い人だけのものではないのです。海外を見渡しても、多少の違いはあるものの、傾向としては大きな違いはありません。次章で詳しく取り上げますが、若い人より経験豊富なシニアの起業家の成功確率が高いということを示す研究もあります。

起業家の性別は、男性が75・5％、女性が24・5％です。女性起業家が少ないと感じる方もいるかもしれませんが、この調査における女性起業家の比率は他の調査のものに比べるとかなり高い傾向があり、実際はもっと低いと思ったほうがいいかもしれません。実際に、日本の研究開発型スタートアップを対象とした調査では、創業者のうち女性の割合は、わずか7％であることが明らかになっています（岡室・加藤、

表 3-1　起業家の個人属性

個人属性	分　類	（％）
年齢	29 歳以下	7.2
	30 歳代	30.7
	40 歳代	35.3
	50 歳代	19.3
	60 歳以上	7.5
性別	男性	75.5
	女性	24.5
最終学歴	中学	3.9
	高校	27.0
	専修・各種学校	24.1
	短大・高専	5.4
	大学・大学院	39.6
	その他	0.1
勤務経験	あり	98.0
関連業務経験	あり	82.9
管理職経験	あり	64.3
経営経験	あり	15.4

注：日本政策金融公庫が 2021 年 4 月から 9 月にかけて融資した時点で開業 1 年以内の企業 1122 社.
出所：「2022 年度新規開業実態調査」日本政策金融公庫総合研究所

2013)。

最終学歴を見てみると、中学、高校を合わせると全体の約31%であり、専修・各種学校が24%、短大・高専を含めると大卒以上が45%となっています。個人の人的資本が起業活動に影響を与えることを述べましたが、ここでの結果を見ると、多かれ少なかれ起業は高学歴者のものとは言えないことがわかります。ただし、すでに2章で確認したように、起業にはさまざまな動機があり、スタートアップにも多様な目的やタイプがあり、起業家の学歴の分布からの情報のみで人的資本と結びつけた議論はできないという点は、常に頭に入れておきたいところです。

創業時点の起業家の経験について見てみましょう。まず、勤務経験は98%の起業家が持っており、勤務経験がなくいきなり起業するという人の割合が非常に低いことがわかります。関連業務の経験を持つ起業家の比率は約83%、同じく管理職経験は64%、経営経験は15%となっています。起業家の多くは勤務経験、特に関連業務経験や管理職経験を持っていますが、起業経験を含めて経営経験を持つ人の比率は高くないと言ってよいでしょう。

このような起業家の平均像は、以前と変わっていないのでしょうか。１９９２年の「新規開業実態調査」によれば、１９９２年時点の起業家の平均年齢は38・9歳ですので、30年後の２０２２年の調査対象の起業家と比べると、5歳程度若いことになります。細かく見てみると、

50歳代の起業家の比率が9％から19・3％、60歳以上が1・7％から7・5％にそれぞれ大きく増えている点が特徴を表しています。日本における少子高齢化の傾向を考えると不思議なことではありません。また、女性起業家の割合は、１９９２年の調査では12・9％です。２０２２年の調査では24・5％ですから、この30年で女性起業家の割合は高くなっていることを示唆しています。学歴に関して、１９９２年の調査では短大・高専を含め35％が大卒以上であったため、この30年間で10％増えていることになります。

3　新しい企業が誕生しやすい環境

どのような環境で新しい企業は誕生しやすいのでしょうか。国、地域、産業といったレベルでの起業環境について考えていきましょう。

起業が盛んな地域というと、よく取り上げられるのが米国のシリコンバレーや最近では中国の深圳などです。どうしてこのような地域で起業が活発なのでしょうか。なぜ他の地域ではなく、これらの地域なのでしょうか。何かしらの理由があるはずです。

まず、国レベルでの起業環境について見てみましょう。国によって起業活動の水準に大きな

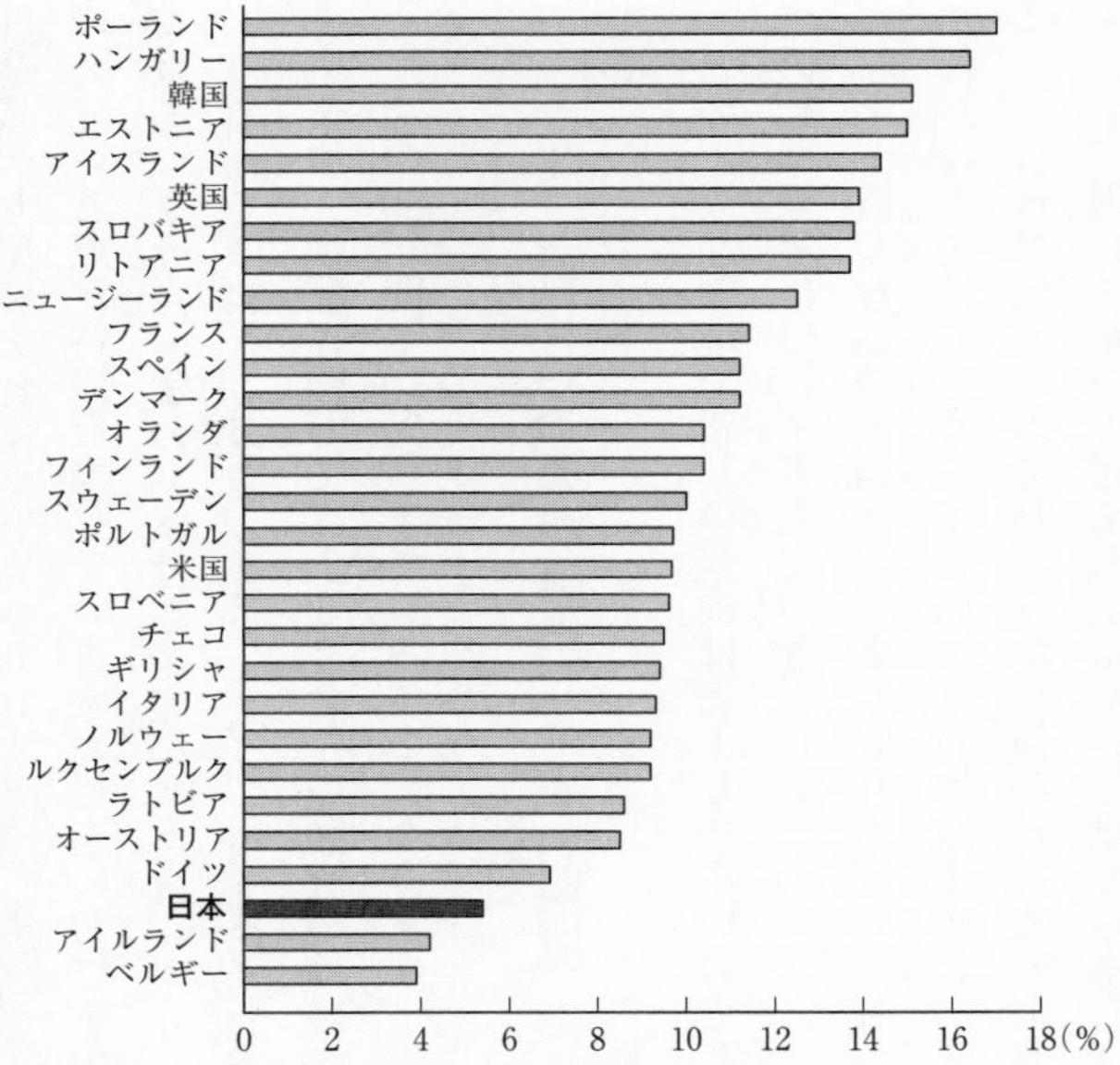

図 3-2　開業率の国際比較(2017 年)

出所：米国は Business Dynamics Statistics, それ以外は OECD Structural and Demographic Business Statistics database をもとに筆者作成.

違いがあることはよくわかっていますが、実際にどのくらい違うのでしょうか。図３-２には、２０１７年時点におけるＯＥＣＤ加盟国の開業率が示されています。開業率というのは、簡単に言えば、今存在する企業の中で、新しく設立された企業の割合を測定したものです。

図３-２を見ると、ポーランドの開業率が17％であるのに対して、ベルギーの開業率は４％にも満たないことが示されています。国によって起業活動の水準に大きな差があることがわか

ります。しかもその差は、ある時点だけでなく、長期的に持続する傾向があります。その中で日本の開業率は5％程度であり、相対的に低い水準にあることが確認できます。その背景や原因を含めて、日本の起業活動に関しては5章で詳しく取り上げることにして、ここでは国際的に見て、なぜ起業活動の水準に大きな違いが存在するのかを考えていきたいと思います。

国の制度の違い

起業活動の水準は、各国におけるさまざまな制度と深く関連していることが明らかにされています。たとえば、市場への新規参入が強く規制されているような国では、起業活動の水準が低迷する傾向があります（Klapper et al., 2006）。政府によって参入規制が敷かれている市場では、起業家がいくら良いアイデアや技術を持っていたとしても起業が叶いません。

もちろん、市場によっては政府が規制していなくても、起業が難しい場合があります。たとえば、既存企業が高いブランド力を有していて、彼らに対抗するためには多額の広告宣伝投資が必要な場合、この市場への参入を検討している起業家にとっては大きなハンデを持つことになります。

　また、労働に関する慣行や制度が起業活動に与える影響も注目されてきました。労働市場が硬直的であり、解雇が難しい国では、起業活動の水準が低いことが明らかにされています(van Stel et al., 2007)。日本の労働市場のように、終身雇用や年功序列といった労働システムを持つ国においては、企業で働いている人々が勤務先を離れて起業することのリスクが相対的に高く、起業のインセンティブを持ちにくいと言えるでしょう。

　起業活動が影響を受けるのは、参入規制や労働制度だけではありません。会社の設立に必要な最低資本金が大きい国では、起業活動が低迷する傾向があることが示されています(van Stel et al., 2007)。また、研究開発が活発に行われるような産業においては、知的財産権の保護が弱い場合、企業が行った投資から十分にリターンを獲得できる可能性が低いため、起業活動が低迷する傾向があることが指摘されています(Klapper et al., 2006)。

　起業活動の水準に影響を与えるのは、起業家にとっての市場への「入口」に直接関連する制度だけではありません。起業後にどのような「出口」のオプションがあるかという点も起業活動に対して影響を与えます。どの大学(中学、高校でも同様)に入学したいかを考えるとき、卒業後の就職率(中学、高校であれば難関校への合格率)が気になるのと似ているかもしれません。起業してもその後の成長が見込めない、あるいは、失敗したときに取りうるオプションが少ない状況では、起業しようという意欲が湧かないのは必然と言えるでしょう。

事業の「辞めやすさ」に注目した興味深い研究を紹介しましょう(Lee et al., 2011)。この研究によれば、倒産したときに被るコストが低い国においては、起業確率が高まる傾向があることが示されています。この研究は、世界29カ国の倒産法の特徴を調べた結果、(1)倒産手続きにかかる時間、(2)倒産申請にかかる費用、(3)清算型倒産における「リスタート」までの時間、(4)資産の自動凍結、(5)経営者が倒産申請後に仕事を継続できる機会、の5つが各国の起業確率に影響を与えると結論づけています。事業がうまくいかず、清算型の倒産手続きを迅速に行うことができる場合は、失敗企業が持つ資産の再配分が素早く実現することになります。また、再生型の倒産手続きを行う場合、迅速な手続きが可能であれば当該企業の資産価値を保護し、最終的に事業再生を成功させる可能性を高めることにつながります。逆に、そのプロセスが長いと、事業の取引関係を維持できなくなることで価値を棄損させる恐れがあります。

日本のように、倒産手続きに時間と費用がかかってしまう国では、失敗してからのリスタートが難しく、起業家は新たな企業を立ち上げる意欲を持てなくなるかもしれません。また、倒産した場合の起業家の債務返済が免除される場合はリスタートが切りやすく、債権者から長期間債権を追及される場合は、リスタートすることは容易ではありません。リスタートが切りやすいかどうかは、起業のインセンティブに少なからず影響を与えるでしょう。

これらの点から、起業活動の促進においては、政府による入口および出口に関する制度面での環境整備が重要な役割を果たすと言えるでしょう。

国の経済状況と経済発展度

人々の起業の意思決定に対して、マクロ的な経済状況が影響を与えます。たとえば、コロナ禍のような国民の生活に多大な影響を与える危機においては、将来見通しが立たず起業を躊躇う人が増えるかもしれません。また、過去にはバブル経済の崩壊によって、それまで活発だった起業活動が低迷したことも明らかになっています。しかし、これまでの研究からは、起業活動の水準は好況期に高くなることを示す研究と、不況期に高くなることを示す研究に二分されています（前者はTian, 2018など、後者はFritsch et al., 2015など）。その背景について考えてみましょう。

好況期には、需要の拡大や将来に対する楽観的な観測が広まり、起業にとって望ましい環境が整うかもしれません。逆に、将来の見通しが不確実で、投資のリスクが高い不況期には、起業を目指す個人は減るかもしれません。これらの点では、起業活動は景気循環的な効果をもたらすと考えられます。しかし、経済学における職業選択モデルによれば、失業率が高く、失業した場合に他の雇用機会が十分になければ起業(自営業)という選択肢を選ぶ可能性が高まると考えられます。

相反する結果の原因の一つとして、起業家のタイプの違いを考慮していない点が挙げられます。失業率が高い不況期に、起業のインセンティブが高まることを示唆しています。2章で見てきたように、起業家にはさまざまなタイプが存在しています。機会追求型の起業家もいれば、生計確立型の起業家もいます。どちらの起業家タイプが多いかは、国の経済発展度によって変わる傾向があります(Wennekers et al., 2005)。経済発展度が非常に高い国においては機会追求型の起業家が多くなり、経済発展度が低い国では生計確立型の起業家が多くなります。したがって、マクロ経済状況と起業活動の水準の関係に関しては、起業家タイプや経済発展度を含めてさまざまな点を考慮に入れて考えなければなりません。

地域の起業環境——集積と多様性

多くの地方自治体は、スタートアップを通した地域活性化に大きな関心を寄せています。しかし、現実として地域間で起業活動の水準には大きな差が存在しています。図3-3は、都道府県別の開業率を表しています。色が濃く(薄く)なるほど開業率が高い(低い)都道府県である

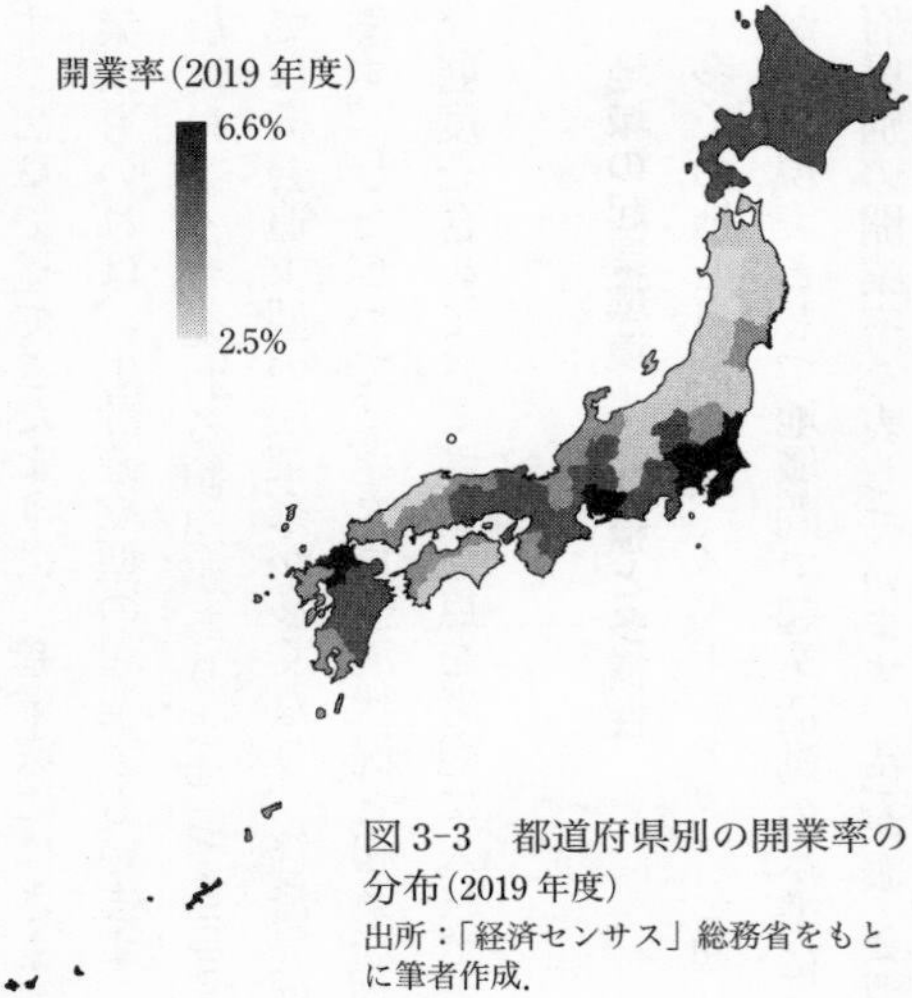

図 3-3　都道府県別の開業率の分布(2019 年度)
出所:「経済センサス」総務省をもとに筆者作成.

ことを示しています。沖縄県が6・6%で最も高く、次いで福岡県が5・1%です。東京近郊を含め都市部において、開業率が高い傾向があります。

どのような地域特性が、起業活動に影響を与えるのでしょうか。まず、企業の集積(あるいはクラスター)が起業活動に多大な影響を与えます。集積効果とは、同一産業内の企業同士がお互いに近い距離に立地することで発生するベネフィットのことをさします。集積地域に立地することで、企業はさまざまなアドバンテージを享受できます。低コストで多様な部品が安定的に調達しやすいことや、関連業界で経験を持つ労働者を確保しやすいといった点が挙げられます。また、情報へのアクセスという面で集積地域に立地することは企業にとって大きなベネフィットとなるでしょう。情報には市場の動向や技術的な知識が含まれます。

とりわけハイテク分野においては、労働者間のインフォーマルな交流や組織間の協力関係などを通して知識のスピルオーバー（波及）が起こりやすいという点で、集積効果が発揮されると考えられます。

起業機会の源泉として、地域における知識のスピルオーバーの存在に注目が集まってきました。起業活動に関する知識のスピルオーバー理論によれば、地域における知識（特に、大企業や大学によって商品化されていない新しい知識）が起業機会の源泉となり、そのような機会を活用した起業活動が起こりやすく、新しい企業の設立につながることが強調されています（Acs et al., 2009）。実際、多くの企業が集積している地域では、新しい企業が誕生しやすいことが明らかにされています（Armington & Acs, 2002）。

たとえば、日本の二輪車（オートバイ）産業の発展において、集積が重要な役割を果たしたことが知られています（Yamamura et al., 2005）。この産業では、第二次世界大戦後に多くのメーカーが新規参入しましたが、その多くの拠点が静岡県西部の遠州地域（浜松市や磐田市など）でした。遠州地域では、戦後間もない頃にホンダが参入して以降、それに追随する起業家がたくさん二輪車製造に乗り出しました。ホンダをはじめとする先行者を通して地域内では知識のスピルオーバーが起き、スズキやヤマハといった後発者を含めて多くの企業が参入して、当地域の二輪車産業は大きく発展を遂げたことが知られています。多くの企業が集積する地域では、新しい企業が誕生しやすいことの好例と言えるでしょう。

しかし、同業種の企業が集積する地域は、企業にとって良いことばかりではありません。特に、サービス業のように供給と需要の場所が同一である場合、同地域でのライバル企業数の多さは競争の激しさを意味します。したがって、起業家は集積効果と競争効果を天秤にかけて立地選択をする必要があります。

一方で、類似した企業の集積はイノベーション創出にはつながらず、多様な企業が集積する地域でこそ補完的な活動が組み合わされることによって、イノベーションが起きることを明らかにした研究があります(Duranton & Puga, 2001)。シュンペーターが指摘したように、イノベーションは異なる知と知の組み合わせ(新結合)で起こります。起業活動(少なくとも革新的起業家によるもの)は新しいアイデアに基づいて起こりますから、同じような企業ばかりが集積している地域では効率性は高まっても、新規性の高いイノベーションが起こりにくいということかもしれません。実際に、多様な産業からの企業が集積している地域では、新しい企業が生まれやすい傾向があることが示されています(Rosenthal & Strange, 2003)。

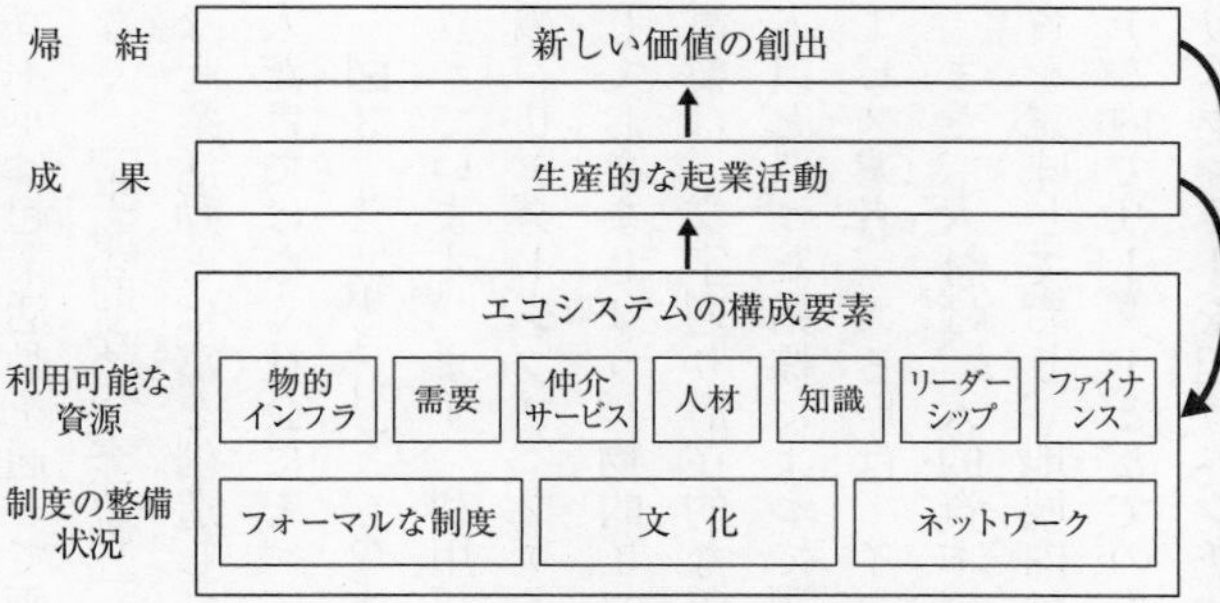

図3-4　スタートアップ・エコシステムのアプローチ
出所：Stam（2015）

スタートアップ・エコシステムという考え方

どのような環境において新しい企業は誕生するのかを考えるためのツールとして、スタートアップ・エコシステム（起業家のエコシステム）と呼ばれるアプローチが提案されています。

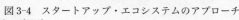

このアプローチは、起業家の登場とその活動の成否が同じ地域内の他のアクターとの相互作用に依存するという考えに基づいています。ここで言う「地域」とは必ずしも一国内の地域をさしているわけではなく、国を一つの地域として捉えることもできます。

スタートアップ・エコシステムの考え方は、図3-4に示されています。このアプローチでは、起業活動が制度、文化、ネットワークなどの地域内のさまざまな要素に影響を受けると考えられています。そして、起業活動を促進することがゴールではない点も強調されています。あくまでゴールは起業活動を通して価値を創出することにあります。したがって、単なる起業活動ではなく、「生産的な起業活動」という表現が使われます。経済学者のボーモルによれば、生産的な起業活動とは富を創造して経済発展につながるような革新的な活動をさします。そして、個人だけではなく社会にとってベネフィットのある活動であることが条件です。

図3-4に示されているように、スタートアップ・エコシステムは多くの構成要素から成り立っています。まず、利用可能な資源として、物的インフラ、需要、仲介サービス、人材、知識、リーダーシップ、ファイナンスの7項目が挙げられています。簡単に各要素について確認しておきましょう。物的インフラは、交通インフラやデジタルインフラの整備状況をさします。需要は、文字通り潜在的な需要をさしており、一人あたり可処分所得、域内総生産、あるいは人口といった指標によって測られます。仲介サービスは、会計や人材、法務などのビジネスサービス業者、あるいは、インキュベーターやアクセラレーターの存在をさしています。

また、人材は、人的資本の水準の高い個人の存在を意味します。知識は、新しい知識への投資を意味しており、地域内での研究開発投資の水準をさします。リーダーシップは、エコシステム内でリーダーとしての役割を果たすアクターの存在を意味しています。ファイナンスは、リスクマネーを担うベンチャー・キャピタルからの資金調達を含めたさまざまな手段による金融アクセスをさします。不確実性の高い起業活動を行う上で重要な要素となります。

図3-4下部に記載されている、制度の整備状況の要素の一つとしての、フォーマルな制度は、各地域における社会のルール（政府の質、事業のやりやすさなど）を表しています。国内の地域単位で見る場合は、地域間で制度的な違いは大きくないかもしれませんが、国単位で地域を捉える場合は、大きな差があるはずです。さらに、文化は、各地域で起業活動あるいは起業家がどの程度評価されているかを表す指標と考えればよいでしょう。ネットワークは、価値創出のための事業間のつながりを意味しており、地域におけるアクター間のネットワークの形成状況をさしています。このような多様な要素が起業活動を促進する上で重要な役割を果たすことになります。

さらに、図3-4の「生産的な起業活動」や「新しい価値の創出」から下部のスタートアップ・エコシステムの構成要素に対しても矢印が向いているという点に注目する必要があります。つまり、これはスタートアップ・エコシステムの構成要素が起業活動に影響を与え、起業活動を通して新しい価値が創出されるだけでなく、これらを通して、各構成要素が発展する可能性を表しています。

これまでにも、集積（クラスター）、イノベーション・エコシステムなど、スタートアップ・

エコシステムに類似したアプローチが存在しています。これらのアプローチとの違いは何でしょうか。まず、対象が大きく異なります。スタートアップ・エコシステムでは、起業家個人が中心的な役割を果たすと考えられています。同時に、起業家を取り巻く多様な経済的・社会的な背景に注目する点を強調しています。既存の大企業や成長志向を持たない中小企業ではなく、起業家やスタートアップが中心的な役割を果たすことが想定されています。

他方で、集積(クラスター)やイノベーション・エコシステムは(大)企業を中心としたエコシステムが想定されており、起業家やスタートアップはその中の一つのアクターに過ぎません。これらのアプローチは、企業と地域内あるいは産業内での大学や公的研究機関との間のイノベーション活動を促進するためのネットワークや制度に関心があります。これらの組織の間での知識のスピルオーバーを促進して、いかに全体でイノベーション創出の水準を高めるかについて考えることが目的と言えるでしょう。起業活動をシステムの成果として捉えていたその他のアプローチと違って、スタートアップ・エコシステムは、起業家がエコシステムを構築、さらには維持する上でも、キープレイヤーとして中心的な役割を果たすことが想定されているのです。

エコシステム内の大学と政府の役割

スタートアップ・エコシステムの構成要素の中に組み込まれていますが、見逃されがちなのが明示的には登場しない大学と政府の役割です。起業家や大企業だけでなく、大学はエコシステムの重要なアクターとなります。大学と企業との間での知識のスピルオーバーが期待されます。人材や知識といった要素においては、大学が重要な供給源になると考えられます。

これまでの研究からは、大学と企業の地理的近接性が技術移転を促進する上で重要な役割を果たすことが示されてきました(Henderson et al., 1998)。新しい企業の立地場所として大学の近くがよく選ばれるのは、大学からの知識のスピルオーバーによって新しいアイデアに低コストでアクセスが可能になることが理由として挙げられます。実際さまざまな国を対象にした研究から、ハイテク分野では、大学が多く立地する地域において新しい企業が誕生しやすいことが明らかにされています(Acosta et al., 2011)。

さらに、特筆すべき点は政府の役割です。その他のアプローチでは、政府はエコシステムの中で中心的な役割を果たすプレイヤーとして考えられてきました。スタートアップ・エコシステムにおいては、政府は「リーダー」(指導者)ではなく、「フィーダー」(飼養者)として捉えられています(Stam, 2015)。政府は法整備、学習機会の提供を含めて起業活動の促進のために望ましい環境を整備する役割が期待されているのです。政府はスタートアップ・エコシステムをサポートする上でさまざまな公的支援を行うなど、依然として重要なアクターであることは間違いありませんが、エコシステムにおける主役となるアクターは、あくまで起業家であることに留意したいところです。

地域の起業文化の持続性

起業活動のための環境を整備をする上で注意したいのは、地域間で「起業活動の水準」に大きな違いがあり、それが長期間にわたって変化しないという点です。「起業文化」を含めて、地域における環境はすぐには変化しないことがわかっています(Fritsch & Wyrwich, 2018)。

ドイツの地域における起業活動の水準を長期的に追跡した研究を紹介しましょう(Fritsch & Wyrwich, 2019)。ドイツにおいては、１９４９年に東西ドイツに分断され、１９８９年のベルリンの壁崩壊、１９９０年のドイツ再統一まで、東西に別個の国家権力が存在する分断国家となっていました。この研究の著者たちは、西ドイツが資本主義市場経済を再建し、東ドイツは社会主義計画経済を目指すという両極端にある経済システムをとっていたことに注目しました。

著者たちは、東西に分断される前後の環境変化を観察することで、急激で過酷な社会主義経済への環境変化によって、地域の起業文化がどのくらい政治の影響を受けて変貌するのか、それとも持続するのかについて明らかにすることができると考えたのです。

興味深いことに、東ドイツにおける40年にもわたる反起業活動的な環境のもとでも各地域の起業文化は辛抱強く生き残り、国内における地域間の開業率の違い(序列)は、長期的にほとんど変化しなかったことが明らかにされています。

なぜ地域の起業文化は長期的に変化しないのでしょうか。前述の研究では、いくつかの可能性が示唆されています。ドイツにおいてもそうであったようですが、地域ごとに産業発展の歴史的な背景に違いがあることがその一因と考えられるようです。日本でも昔から商人の町として発展した福岡で起業活動が活発であるように、地域に根づいた起業活動に対する社会的・文化的な規範の違いがあるのかもしれません。地域において、身近に起業家のロールモデル(親や友人など)がいるかいないかも大きな影響を与えるでしょう。そのため、地域レベルで経路依存性が存在していると考えるべきかもしれません。

したがって、政府や自治体が支援を通して地域の起業文化を変えることは短期的には容易ではありません。地域におけるスタートアップ支援の施策においては、5年や10年といった短期的なスパンでの成果を求めず、辛抱強く長期的な視点でスタートアップ・エコシステムの各構成要素を発展させていき、起業環境を整備していく必要があると言えるでしょう。

産業特性の影響

起業家は事業を開始する場所（地域）を選択するだけでなく、おそらくその前あるいは同時に、参入する事業分野を選択します。起業家は自身が持つ知識やスキルを生かせる分野を選ぶこともあるでしょうが、需要が見込める分野を選んだり、競争が激しくない分野を選んだりするかもしれません。起業の意思決定は、産業の特性からも影響を受けると考えられます。

たとえば、高い利益が期待できそうな市場には新しい企業が多く参入する可能性が高いかもしれません。また、起業家が事業を始めたくても始められない市場があります。生産の規模が大きくなるにつれて平均的な費用が低下するような場合は、規模の経済性があると言います。規模の経済性が大きい市場では、既存企業に比べて新しい企業はコスト面で不利であるため、なかなか参入できません。このように、新規にその産業に参入しようとする企業に対して既存企業が優位性を持つとき、参入障壁があると言います。逆に言えば、参入障壁が低い場合に、新しい企業が登場しやすいと言えるでしょう。

政府によって参入規制が敷かれている場合は、どう頑張っても新しい企業は参入できません。たとえば、日本酒の製造には清酒製造免許が必要になりますが、本書執筆時点では新規の免許発行が認められておらず、新規参入が不可能となっています（輸出向けの製造に限り特別に認められています）。このように、政府による規制によって参入障壁が存在する場合もあります。

さらに、産業にはライフサイクルがあります。産業ができたばかりの時期には多くの企業が参入して、その後一定期間が経過したのち急激に多くの企業が淘汰される時期を経て、次第に寡占的な構造（企業数が少ない状態）へと変貌することが歴史的に明らかにされてきました（Klepper, 1997）。産業の初期には、多くの企業によって新しい製品やサービスが生み出され、次第にその標準規格が定まっていく傾向があります。将来どのくらい需要が伸びるのかは必ずしも明らかではないという意味で不確実性が高い一方で、技術的にも不確実性があります。標準的な製品規格が確定していないために、起業家にとっては事業機会が豊富で成長の余地が多くあると言えるでしょう。そのため、産業の初期には多くの新しい企業が登場する傾向が、さまざまな産業において観察されてきました（Klepper & Simons, 2000）。

4　「遺伝」対「環境」

生物学をはじめ自然科学の分野では、「遺伝か環境か」という命題が存在します。たとえば、子どもの発達において親からの遺伝の影響が大きいのか、育つ環境が重要なのかといった命題です。スタートアップの研究においても、類似した命題が存在します。起業家になるかどうかの意思決定に影響を与えるのは遺伝的要因が大きいのか、それとも環境的要因が大きいのかという点がたびたび議論になります。果たして、どちらの要因が大きいのでしょうか。

まず、親が起業家である場合は、その子どもが起業家になる可能性が高まることが示されてきました(Dunn & Holtz-Eakin, 2000)。その理由としていくつか考えられます。第一に、起業家を親に持つ子どもは、そうでない子どもよりも、幼少時代に起業活動について学ぶ機会が多く存在するというものです。また、起業家のロールモデルに接する機会が多く、さまざまな情報、ネットワークなど、起業活動に役立つ資源を親から受け継ぐことができる点が挙げられます。

世代間で受け継がれるのは、起業に関連する経験や資源だけではありません。起業文化も受け継がれることを示唆する研究があります(Kleinhempel et al., 2023)。ある国で生まれ育ちそこで教育を受けた、他国出身の両親に育てられた移民2世の起業選択について検証した研究があります。この研究によれば、移民2世は、両親が強い起業文化を持つ国の出身であれば、起業家になる可能性が高くなる傾向があります。人々が持つ起業に対する考え方は、世代間で受け継がれる可能性が高いと言えるでしょう。

起業の意思は、親から子へ受け継がれる遺伝的要因にも影響されることを示す研究があります（Nicolaou et al., 2008）。英国の一卵性双生児と二卵性双生児の大規模サンプルに基づいた研究によれば、起業確率の約37％から42％が遺伝的要因によって説明できることが明らかにされています。同じ遺伝子を持つ双子のサンプルを用いることで、起業という意思決定が遺伝の効果なのか、共有された環境の効果なのか、共有されていない環境の効果なのかをうまく識別できると考えられています。遺伝的要素の他に起業活動に影響を与えるものとして、残りは共有されていない環境要因で説明できることが報告されています。

さらに、スウェーデンの１２８５組の一卵性双生児（男性４４９組、女性８３６組）と８４９組の同性二卵性双生児（男性２８３組、女性５６６組）の研究からは、男女のグループ間で起業に対する遺伝的影響が大きく異なることが明らかにされています（Zhang et al., 2009）。この研究によれば、起業家になる傾向について、女性は遺伝的影響は強いが共有された環境からの影響は小さい一方で、男性は遺伝的影響は小さいが共有された環境からの影響が大きいようです。

起業活動における遺伝か環境かという問いについては、まだ研究が始まったばかりであり、必ずしも結論が出ているわけではありません。遺伝か環境かという命題に対する研究者の取り組みは、今も続いています。

第4章 スタートアップの成功要因

1　スタートアップの成功と失敗

スタートアップにとっての成功とは何でしょうか。また、成功するスタートアップはどのような特徴を持っているのでしょうか。

これまでの章で論じてきたように、起業家は多様な動機で新しい事業を始めます。高成長を目指す起業家もいれば、そのような意図を持たない起業家もいます。事業が成長しなくても、継続することこそ成功と考える起業家もいるかもしれません。何をもってスタートアップの成否を判断すべきか、実は簡単な問題ではありません。

スタートアップの成功要因は、多くの研究者によって長年取り組まれてきたテーマです。その詳細を見ていく前に、研究者が明らかにしようとすること、および、これまで行われてきた研究の流れについておおまかに解説しておきたいと思います。

スタートアップの成功要因を明らかにすることで、起業家やそれを取り巻くエコシステムのプレイヤー(資金提供者、支援者など)にとってのスタートアップの発展に向けた手がかりを示すことができるかもしれません。

しかし、成功したスタートアップの特徴を観察すればよいかというとそうではありません。成功した企業だけ、あるいは、失敗した企業だけを取り出して、それらの企業の特徴を探ろうとするわけではないという点に注意してください。成功企業のベスト・プラクティスを知ることは、経営者にとってはとても参考になるでしょう。その反面、どのようにすれば成長するのかを知るには十分ではありません。成功した企業と同じ行動を、失敗した企業もとっていたかもしれません。成功企業と失敗企業には、持っている資源や採用された戦略に何らかの違いがあったからこそ成否が分かれたと見るべきでしょう。したがって、スタートアップの成功要因を明らかにするためには、成功企業だけでなく、失敗企業を含めて比較分析しなければなりません。

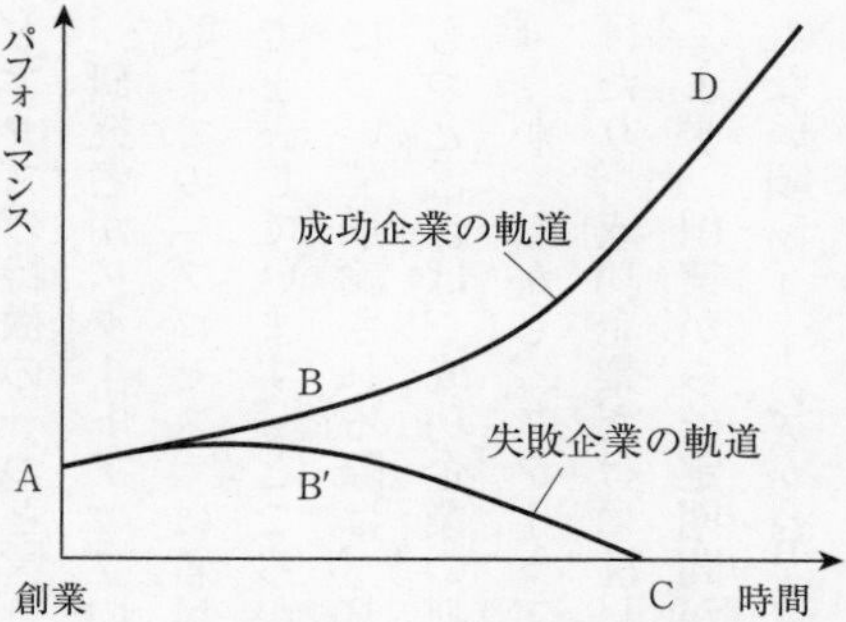

図 4-1　成功企業と失敗企業の軌道

図4-1で示されているように、創業後に成長する企業と失敗する企業の間に大きな格差(異質性)が生まれます。スタートアップ間で、創業後のパフォーマンス(成果)に大きな分散が存在するということになります。これがスター

トアップの特徴の一つと言えるでしょう。

研究者がスタートアップの創業後のパフォーマンスについて議論する際、創業から成長や失敗までの「プロセス」に着目します。これは図4-1におけるA時点(創業時)からCやD時点までを表しています。ところが、多くのビジネス書やメディアでの報道においてスタートアップについて議論される際は、BおよびB′時点以降の時期に着目する傾向があるように思います。もっと言えば、成功企業の軌道のみ(BからD時点)に関心が持たれることが多いのではないでしょうか。しかし、スタートアップに対する公的支援を考える際には、一部の時期だけを取り上げたり、成功企業だけに注目したりすることにはいくつかの点で問題があります。

まず、創業から一定期間が経過した段階以降に注目することにより、創業時あるいは創業間もない頃(図4-1のAからBあるいはB′時点)の課題を見過ごしてしまうかもしれません。すでに論じてきたように、創業間もない企業には新規性の不利益が生じることが知られています。成長と失敗を分ける要因を探る上で、創業時点からのプロセスを観察することが欠かせません。

より具体的にイメージしてもらうために、マラソン競技を例に説明しましょう。スタートアップの成功要因の研究は、マラソン競技において一斉スタートした選手全員を対象に、レースの結果とゴールまでの道のりを観察するのと似ています。ある選手は途中で転倒したり棄権したりしてゴールまで辿り着きません（ここでの棄権は、スタートアップにとっての「退出」）。一方で、ゴールまで辿り着く選手も多くいますが、選手間でタイムに大きな違いがあります（スタートアップで言えば、成長率の違い）。

研究者は、ゴールまで辿り着いた選手あるいは、好タイムの選手だけを対象に分析するのではなく、一斉スタートした選手全員を対象にします。その上で、これらの選手の結果の違いの要因について、スタート時点（あるいはその前の準備段階）を含めてゴールまでの道のりを分析して探ろうとします。スタート時点で能力やコンディションに違いはあったか。スタート後にとった戦略に違いはあったか。当日の天候はどうだったか。研究者は、このような分析の対象をスタートアップ（起業家）に替えて行っていると考えて差し支えないでしょう。

スタートアップの成功要因に関しては、スタートアップ全体が対象となります。そして、創業時点における資源、創業後の戦略、スタートアップ（起業家）を取り巻く環境といった要素が創業後のパフォーマンスにどのような影響を及ぼすのかについて明らかにしようとします。

2　創業後の「成否」の指標

スタートアップの成否の判断は、どのように行うのでしょうか。成否を判断するには、まずは何らかの指標が必要になります。スタートアップの成否を判断する上でベストな指標というものはなく、いずれの指標も一長一短であることをあらかじめ断っておかなければなりません。また、分析の目的によっては適した指標とそうでない指標があることも理解しておく必要があります。

生存(退出)と成長

スタートアップの成否を測る指標として、これまで「生存」と「成長」という2つの指標が主に用いられてきました。1章で取り上げたように、多くの企業は創業後間もない頃に市場から退出することが知られています。新しい企業にとって創業間もない時期に生き残れるかどうかは最初に待ち受ける大きな関門と言えるでしょう。ここで言う生存とは、創業後のある時点で「生存しているか否か」をさします。ただし、退出した企業の中でも、創業後1年で退出した場合と、5年で退出した場合では、成否の「程度」に違いがあります。そのため、生存か否かだけでなく、創業後に生存した「期間」が着目されてきました。

もう一つの、スタートアップの成否を表す代表的な指標が「成長」です。スタートアップの登場は、競争の促進や他企業への波及効果などが期待されますが、スタートアップ自身が大きくなることによる経済効果も期待されています。創業した後に事業が存続しているだけでなく、事業が拡大しているかどうかに関心が寄せられます。スタートアップの成長は雇用の成長、売上の成長、資産の成長などさまざまな面で測定することができます。これまでの研究では、スタートアップの成長指標は主に雇用や売上の面で測定される傾向があります（Stam & Wennberg, 2009）。

成長の指標として、雇用と売上はどのような違いがあるのでしょうか。スタートアップの成長に関する研究では、成長指標として雇用成長が好まれる傾向があります。これにはいくつかの理由があります。まず、資源の制約が大きいスタートアップにとっては、人的資源が最も重要な資産の一つであるため、雇用成長が、望ましい成長指標と言えるでしょう。また、雇用は売上などの財務指標と違って、物価変動を考慮する必要がありません。他方で、バイオテクノロジー分野のような一部のスタートアップは開発期間が長いため、売上を実現するまでに数年あるいはそれ以上かかることがあります。多額の資金調達はしていて、従業員の採用も行っている一方で、製品やサービスを通した売上がまだないケースもあります。

したがって、創業後初期の頃を対象にする場合は、スタートアップの資源の拡大や成長の潜在性をより適切に表す指標として、売上よりは雇用成長のほうが適切かもしれません。一方で、創業後時間が経過した企業を対象にする場合を中心に、製品やサービスの商業化を通した価値創出という面を捉えるには、売上成長に着目したいところです。

多様な退出形態

スタートアップの成否の指標として生存と退出を観察する場合、生存が退出より優れたステータスであることが前提になっています。しかし、現実には、必ずしも退出が常にバッド・ニュースというわけではありません。

企業の多くは、創業後数年で事業の失敗によって退出します。しかし、企業が退出する方法はさまざまです。まず、倒産する場合は退出を余儀なくされます。倒産とは、企業が支払い不能あるいは債務超過に陥り、営業停止をしている状況をさします。日本においては、破産法の下で会社の清算を行う場合もあれば、会社更生法や民事再生法の下で再建を目指す場合があります。企業が消滅する清算型と違って再生型の倒産の場合、企業は消滅せずに存続することに

表 4-1　退出経路の分類

退出経路＼パフォーマンス	高い	低い
売却による退出	収穫のための売却	窮迫による売却
清算による退出	清算	窮迫による清算

出所：Wennberg et al.,（2010）

なります。

企業は、支払い不能や債務超過には至っていないが、もはや事業がうまくいかないと判断すれば、廃業（解散）することがあります。これは倒産と違って自主的な退出ですので、自主廃業と呼ばれることがあります。自主廃業はさまざまな理由で起こり、多くの場合、事業がうまくいっていないために倒産前に早めに退出していることがわかっています（Harada, 2007）。一方で、企業は、経営者の年齢や健康上の理由で退出することがあります。日本では少子高齢化を背景に、経営者が後継者を見つけられないというケースが増えています。このように、退出は経済的な理由だけで引き起こされるわけではありません。

倒産や廃業（解散）は会社の消滅を意味する一方で、退出が常に会社の消滅を伴うとは限りません。表4-1に示されているように、会社ごと他社に売却することによって退出するケースがあります。売却による退出は、通常は合併と買収（M＆A）を通して行われることになります。前者の場合、通常、吸収される側であるスタートアップが消滅するのに対して、後者は支配権の移転を意味するため被買収企業であるスタートアップは消滅せず存続することになります。

また、表4-1で示されているように、売却および清算による退出は、いずれも企業のパフォーマンスが高い場合にも低い場合にも起こり得ます。パフォーマンスの高いスタートアップの売却に関して、たとえば、2017年にKDDIによって、IoTプラットフォーム事業者であるソラコム(当時設立から3年)が買収されたケースが挙げられます。筆者の調べによれば、この買収にはソラコムが当時保有していた18件の特許の売却が含まれています。高い技術を持つスタートアップは、技術などを取引するアイデア市場において既存企業から高く評価されることを示唆しています。一般的には、起業家にとって、売却による退出という結果は、生存することと以上に成功であるとみなされうるでしょう。起業家にとっては、M&Aを通して企業を売却することができれば、莫大な創業者利益を得ることができるからです。また、このような売却による退出は、通常は高成長を実現したスタートアップにしか選択肢がないからです。

しかし、パフォーマンスの低いスタートアップが救済合併と呼ばれる形で既存企業に統合されることがあります。このようなケースでは、倒産よりはマシかもしれませんが、売却による退出といっても、スタートアップにとって成功とは言い難いでしょう。たとえば、メルペイにうです。２０２０年２月、メルカリ傘下でスマートフォン決済を手掛けるメルペイによって、同業でOrigami Payを運営するOrigamiが買収されています。「日経クロステック」（２０２０年２月５日掲載）によれば、買収額はなんと０円だったとのことです。同記事によれば、Origamiは資金調達の道を探っていましたが、有力な出資元が見つからず、２０１８年12月期営業損益は25億４４００万円まで赤字が膨らんだようです。

このように、スタートアップの退出は多様な方法で起こり、生存と退出という二者択一では事業の成否を正確に判断できません。スタートアップの成否の判断においては、倒産、自主廃業、売却といった手段に加えて、パフォーマンスの高低を見た上で行うことが適切だと言えるでしょう。

起業家は創業当初から、生存することを目指すのか、売却による退出を目指すのかといった何らかの退出戦略を持っていると言われています。また、このような退出オプションの中で序列があると考えられています。しかし、すべての起業家があらゆる退出オプションを持つわけではありません。

図４-２に示されているように、創業後に高成長を実現する企業にとっての最良のオプショ

ンは、創業者利益に結びつくM&Aを通した退出、あるいは新規株式公開（IPO）を実現することだと考えられています。しかし、これらのオプションは基本的には高成長を実現した企業にのみ利用可能です。ただし、IPOは起業家としての退出戦略の一つとみなされ、企業にとっての重要な資金調達手段であり、企業の退出を意味するわけではありません。そのため、IPO後に他の方法で退出する場合も考えられます。スタートアップにとって、IPO後にさらなる高成長を目指す場合もありますが、IPOを行わずに高成長を目指す場合もあります。

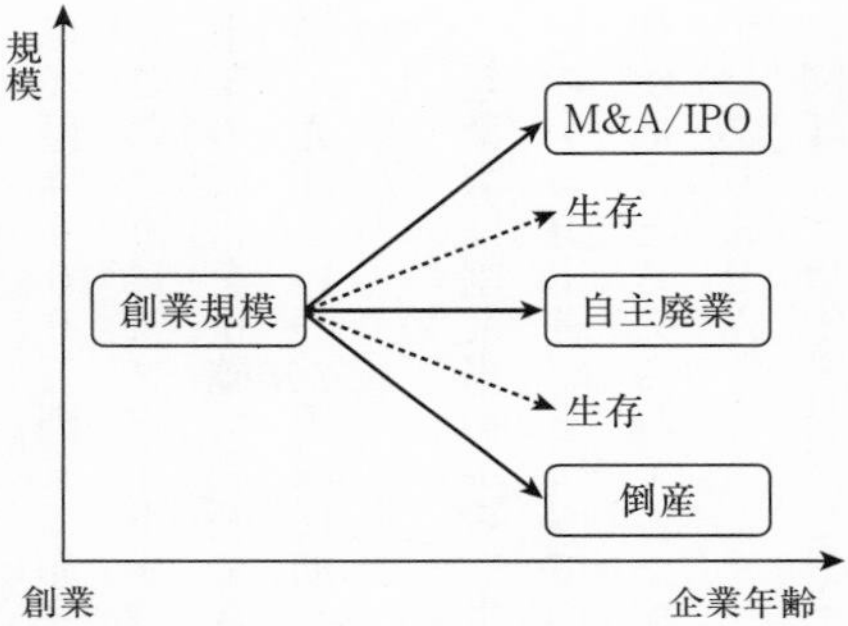

図4-2　成長経路と退出オプション
出所：Coad & Kato（2021）

　一方で、高成長を実現できない企業（あるいは高成長を目指さない企業）にとって最良のオプションは生存となり、パフォーマンスが悪くなるにつれて退出オプションは、自主廃業あるいは倒産という選択肢に限定されていくことになります。高成長を志向する起業家あるいは投資家にとっては、M&AやIPOという退出オプションが十分に利用可能な状況であることは重要な意味を持つことになります。これらのオプションが制約を受けているとなれば、成長志向を持つ起業家にとっては起業や事業成長のインセンティブが削がれることになるかもしれません。投資家にとっては、時間を要するＩＰＯ以上に、比較的短期でリターンを回収できるＭ＆Ａというオプションが制約を受けることになれば、投資のインセンティブは低下する恐れがあると言えるでしょう。

高成長企業（「ガゼル」と「ユニコーン」）の登場

スタートアップのうち、「高成長企業」になるのはどのくらいなのかという点についても研究が行われてきました（Henrekson & Johansson, 2010）。経済効果の観点からは、創業後に急速に拡大を遂げるスタートアップには大いに期待がかかっており、政策的に非常に関心が高いテーマとなっています。

しかし、企業成長率が０の企業が多くの割合で存在している一方で、高成長を実現する企業は一握りであることを理解する必要があります。実際、一部の企業のみが高い成長率を実現していることがデータから示されています。たとえば、英国を対象にした研究によると、２００２年から２００８年の期間で全体の６％の企業が雇用創出の49・５％を占めていることが明らかにされています（NESTA, 2009）。この結果は、スタートアップに限定した研究から得られたものではありませんが、一部の企業のみが成長することを示唆しています。経済効果という点で考えると、このような高成長企業の登場が欠かせないのです。

短期間で速いスピードで成長するスタートアップは、動物のガゼルが早熟であることにちなんで、ガゼル(gazelle)あるいはガゼル企業と呼ばれています。どういうときにガゼル企業が誕生したとみなすのでしょうか。OECDによれば、「初期時点で従業員10人以上、かつ、創業5年未満の企業の中で、過去3年間で年平均20％を超える成長率を達成した高成長企業」と定義されています(OECD, 2008)。ちなみに、小さく生まれ成長せず雇用を生み出さない企業はマウス、雇用のシェアは高いものの多くの雇用は生み出さない大企業はエレファントと呼ばれることがあります。

昨今、スタートアップのうち高成長企業は、ユニコーンあるいはユニコーン企業として取り上げられることが増えています。ユニコーンとはIPOを果たしていない10億米国ドル(約1500億円)以上の評価額を持つ企業をさします。スタートアップの評価は上場企業とは異なり、客観的な価値ではなく、主観的で投資家が支払うことを望んだ価格を示しているため操作がしやすいという点で注意が必要かもしれません。雇用や売上といった価値創出を表す指標を用いることが適切だと考えられています。アカデミックな研究においては、ユニコーンの創出には関心が持たれることはほとんどなく、スタートアップの成功の指標としての問題点が指摘されています（Kuckertz et al., 2023）。この点は後の６章でも、政策的な観点から論じます。

その他の成否の指標

スタートアップにとって生き残って成長することが大きな目標である一方で、他にもいくつかのマイルストーンが存在します。たとえば、スタートアップにとっては外部からの資金調達は重要なマイルストーンとなるでしょう。スタートアップによるベンチャー・キャピタル（VC）からの資金調達に関するニュースは、たびたびメディアを賑わせています。企業にとって資金調達はアウトプットではなく、あくまでインプットではありますが、その後の価値創出のためのステップとしては重要な節目となります。したがって、ＶＣを含めた外部の資金提供者からどのくらい資金を調達したかということは、スタートアップの今後の成否の分岐点と言えるでしょう。

また、スタートアップの成否を判断する上で、イノベーションに関連する指標が用いられることがあります（Kato et al., 2015）。スタートアップがイノベーションを実現することは、その後の生存と成長に向けて大きな一歩となります。実際、スタートアップが創業後早い段階でイノベーションを実現することで、生存確率や退出戦略に良い影響を与えることが明らかにされてきています (Colombelli et al., 2016)。その意味では、イノベーションに関する指標はスタートアップの成否を判断する上で一つの手段となりうるでしょう。

3　成功のための三要素

スタートアップが成功するためには、何が必要なのでしょうか。結論から先に言うと、これをすれば必ず成功するという「特効薬」はありません。また、ある要素が成否を決める上で重要な役割を果たすということが言えたとしても、あくまで成功する確率を高めるという程度のことです。たとえば、人的資本の水準が高い起業家はそうでない起業家と比較して自社の成功確率が高いということがわかったとしても、それはあくまで「相対的な成功確率の違い」を表しているに過ぎません。よって、絶対に成功することを意味しない点に注意してください。さらに、それぞれのスタートアップは立地や業界などさまざまな異なる条件に直面しています。したがって、ある要素に着目する際には、あくまで他の条件を同一とした場合の議論であることを常に留意する必要があります。

図4-3に示されているように、スタートアップを含めた小規模企業の成長には、起業家が持つ資源、企業（スタートアップ）の特性、創業後の戦略の3つがうまく組み合わされることの重要性が示されています。成功のための3つの要素について詳しく見ていきましょう。

（1）起業家が持つ資源

企業は、創業時点において取引履歴がなく、ルーチンが確立しておらず、組織の正統性が乏しく、組織としての資源をほとんど持っていません。スタートアップは新規性の不利益に直面することで、既存企業と比べて多くの困難に直面します。資源や経験のないスタートアップにとっては、起業家（創業者）が持つ資源こそが重要となります。したがって、起業家が創業時点でどのような資源を持っているかということが、創業後のスタートアップの成否を決める上で重要な役割を果たすと考えられます。

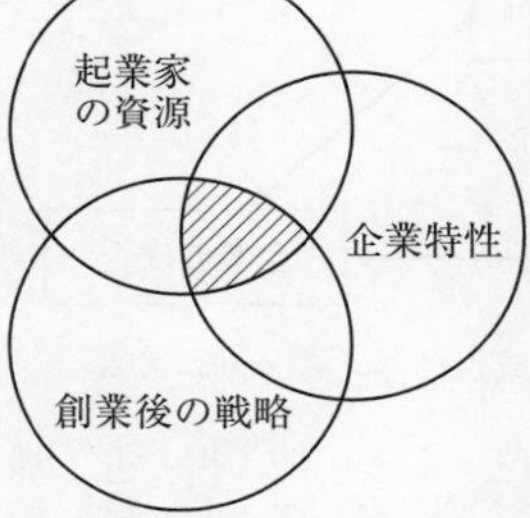

図4-3　小規模企業の成長要因
出所：Storey（1994）

人的資本の「能力効果」と「シグナリング効果」

スタートアップが成功する上で、起業家の人的資本の役

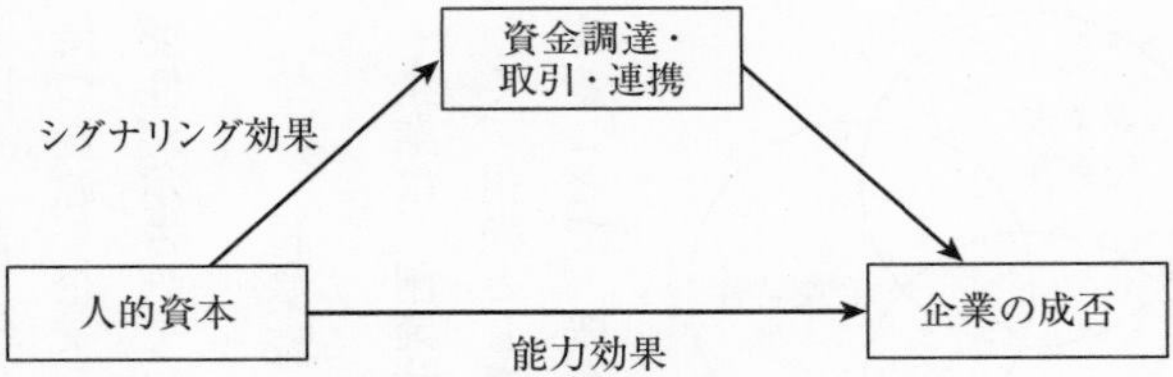

図4-4　起業家の人的資本が企業の成否に与えるメカニズム

割が強調されてきました。3章で取り上げたように、起業家の人的資本とは創業までに受けた教育(学歴)、職務経験、起業経験などを通して獲得した知識やスキルをさします。起業家の人的資本がスタートアップの成否に影響を与える理由は、大きく分けると2つあります。能力効果とシグナリング効果です。

図4-4に示されているように、能力効果は人的資本が企業の成否に直接影響を与える一方で、シグナリング効果は資金提供者や取引先あるいは連携先に対する効果を通して間接的に企業の成否に影響を与えます。

能力効果は、起業家が優れた知識やスキルを有している場合にはより適切な経営判断が可能となり、スタートアップの成功確率が高まるという効果をさします。一方、シグナリング効果は、起業家の人的資本が資金調達先、取引先、あるいは連携先といった外部のステークホルダーに対する、事業のポテンシャルのシグナルとして投資や戦略に好影響を与え、最終的に企業の成功確率を高めるという効果をさしています。

1章で取り上げたように、スタートアップと資金提供者、取引先、連携先などのステークホルダーとの間には情報の非対称性が存在しています。スタートアップの組織の外から見ると、当該企業のポテンシャルを判断するための情報は限られています。このような状況において、ステークホルダーにとっては、起業家が持つ資源や経験といった人的資本に関する情報が、取引を行うかどうかの意思決定において重要な判断材料となります。

実際に、これまでの研究からは、人的資本の水準が高い起業家によるスタートアップの成功確率が高いことが示されています。たとえば、創業者の学歴が高いスタートアップは倒産確率が低い一方で、成功とみなされうる売却による退出の確率が高いことが示されています（Kato & Honjo, 2015）。また、創業者が関連業界における経験を持つスタートアップの成長率が高い傾向があることが見出されています（Colombo & Grilli, 2005）。2章で詳しく扱ったように、関連業界の既存企業を飛び出して創業した従業員スピンアウトの成功確率は、独立スタートアップに比べて高いことが明らかになっています。このような業界経験を持つ起業家は、当該の業界における市場のさまざまな知識を有していることに加えて、取引先や資金調達先などの企業との間にすでにネットワークを有していることを含めて多くの面でアドバンテージを持っています。

さらに、創業者が持つ過去の起業経験がスタートアップの成否に与える影響についても多くの研究において取り組まれてきました。2章で取り上げたように、起業経験を持つ連続起業家は、起業を通して貴重な資源を獲得したり、チーム・ビルディングのスキルや業界の知識やノウハウを身につけたりと、学習することが指摘されています。特に、以前の事業で成功した経験を持つ連続起業家は、外部からの評判を確立することで資金調達がしやすくなる傾向があります(Hsu, 2007)。他方で、成功経験を持つ連続起業家だけでなく、失敗経験を持つ起業家でさえ、新しい事業ではＶＣからの資金調達において新人起業家に比べてアドバンテージを持つことが示されています(Nahata, 2019)。

しかし、2章ですでに言及したように、創業者が持つ過去の起業経験がスタートアップのパフォーマンスに与える影響については慎重に解釈する必要がありそうです。先ほどの議論は、あくまで連続起業家が外部の資金提供者から高い評価を受けやすいことを示しているに過ぎず、起業家が過去の起業経験を通して学習することで高いパフォーマンスを示したかどうかは明らかではありません。詳しくは2章での説明を振り返ってください。

起業家の人的資本の役割については、共同創業の場合の「創業チーム」全体に適用して考えても同様です。起業家は単独で創業する場合もあれば、他の誰かと共同でチームとして創業する場合があります。たとえば、起業家個人が持つ技術的な経験が豊富であったとしても、営業、マーケティングなどの面で経験が乏しいかもしれません。また、起業家個人が持つ社会的資本が限定的である場合や、必要な資金(自己資金)を調達できない場合もあります。起業家が、不足する資源を補うためには、共同創業は有効な戦略と言えるでしょう。さらに、創業チームのメンバーが多いことは高い労働力を持つことを意味します。創業チームメンバーが多いほど、お互いに持っていない資源や能力を補完してくれる可能性が高まるでしょう。

実際に、創業チームメンバーの平均的な人的資本の水準の高さが創業後のパフォーマンスの向上につながる傾向があります(Delmar & Shane, 2006)。

起業家の年齢

スタートアップの成長を実現させているのは、必ずしも若い起業家ではないという証拠を見出した興味深い研究があります(Azoulay et al., 2020)。この研究においては、米国のスタートアップ(個人事業主や従業員0人の企業は除く)を対象に、創業時点での創業者の年齢と創業後の成長や退出といった企業パフォーマンスとの関係が分析されています。

米国のスタートアップの創業者の年齢は40歳代の前半にピークとなっている一方で、雇用の成長率(創業から5年間)の上位1%のスタートアップに関しては、創業者の年齢のピークは米国全体の創業者のピークに比べて高くなっていることが観察されています。高成長企業の担い手が、必ずしも若い起業家ではないという結果です。

さらに、この研究は、ＩＰＯやＭ＆Ａといったスタートアップの成功とみなされる退出方法との関係について分析した結果、創業時点で50歳の創業者を持つ企業がこれらの方法で退出する比率は、30歳の創業者を持つ企業に比べて2倍高かったことが明らかにされています。したがって、起業家が持つ人的資本、社会的資本、金融資本が年齢とともに蓄積され、その結果として経験豊富な起業家がアドバンテージを持っていることが示唆されています。

（2）スタートアップの企業特性

次に、スタートアップの成功要因として企業レベルの特性を考えます。すでに2章で取り上げたように、スタートアップの「起源」は創業後のパフォーマンスを決定する上で重要な役割を果たすことが明らかにされています。特に、既存企業から独立した従業員スピンアウトは、創業時点で豊富な資源が備わった起業家によって設立されるため、その他のスタートアップと比べて優位な状態でスタートすることになります。ここでは、すでに扱った企業の起源の役割を除き、創業時の企業規模や企業年齢、産業や地域の環境といった企業特性が持つ、創業後のパフォーマンスに対する影響について考えていきます。

創業時の「規模」の重要性

創業時点の規模が、その後の企業の生存確率と強く関係することが明らかにされてきました(Geroski et al., 2010)。規模の経済性のため、大企業は効率的な水準で事業を操業できますし、外部金融へのアクセスが容易であることも指摘されています。創業時に資金制約が大きな企業は小規模での操業を余儀なくされ、規模の経済性のためにコスト面で不利な立場に置かれます。また、大企業が効率的なのは、経営者の能力が優れている場合に、低コストでの操業が可能になり、大規模での創業を選択できることが原因であると考えられています。この点においては、先に取り上げた起業家が持つ資源が創業規模に影響を与え、結果として創業後のパフォーマンスが高まるというメカニズムがもっともらしいと言えるでしょう。

いずれにせよ、創業時に効率的な規模でなかったとしても、事後的に柔軟に規模の調整が可能であれば、初期の決定はたいして重要ではないかもしれません。しかし、現実には、規模を拡大するにせよ縮小するにせよ、資源配分を事後的に調整するには時間がかかり、容易に修正ができない意思決定(いったん投資すると回収が不可能なサンクコストを伴う投資など)もあるかもしれません。結果として、初期の創業規模が創業後のパフォーマンスに与える効果は持続する傾向があります。

近年、創業後の企業パフォーマンスを説明する上で、ギャンブラーの破産理論というアプローチが注目されています(Coad et al., 2013 a)。2章の連続起業家の説明において言及しましたが、この理論によれば、起業はギャンブルと同じであり、「運」の要素が大きいゲームであると考えられています。実際、カジノでのポーカーのようなギャンブルでは、勝つかどうかは確率的にはランダムに決まるので予測不可能です。このような事象をランダム・ウォークに従うと言い、プレイヤーは結果についてコントロールすることはできません。ギャンブラーは自身の勝ち運については楽観主義の傾向があります。ギャンブルに勝つとチップ(資金)が増え、より長くカジノに留まることになります。

ギャンブラーと同様に、起業家は多かれ少なかれ一定の資金をもとに始めて、その資金が尽きるまでは事業を続けることができます。したがって、当初持っている資金が少ない起業家はいち早く市場から退出すると考えられます。逆に、多くの資金を持つ起業家は、より長く市場に残ることになります。このように起業の成否はギャンブルと同じで、スタート時点で保有する資金の大きさ、およびその後の運によって左右されると考えられています。実際、すでに紹介したように、創業規模が大きくなるにつれて創業後の生存期間が長くなることが知られています。この結果は、ギャンブラーの破産理論の予測とも整合的と言えるでしょう。

企業年齢の役割

創業時の規模に加えて、創業から経過した年数を表す企業年齢と創業後のパフォーマンスの関係が分析されてきました。企業年齢の役割については多くの実証研究が行われ、企業年齢の上昇とともに生存確率が高まるという結果が示されている一方で、これは単に「生存者バイアス」の結果であるかもしれません。つまり、創業直後は能力が相対的に低い企業が多数退出するため、平均的な生存確率は低くなりますが、時間が経過するにつれて能力の高い企業だけが生き残ることになります(Thompson, 2005)。結果として、創業からの年数が長くなるにつれて、平均的な生存確率が高くなるというわけです。企業が年齢を重ねるにしたがって、ルーチンが確立したり、組織の正統性が増したり、学習効果が発揮されたり、多くのチャネルを通してパフォーマンスが改善することが期待されます。

また、若い企業ほど成長する一方で、年齢を重ねるにつれて成長率が低下することが明らかにされています。これらの研究の多くにおいて、企業成長の指標として雇用成長が用いられ、雇用創出の担い手がスタートアップであることが明らかにされてきました。しかし、図4-5

で示されているように、売上、利益、生産性の成長のいずれの指標で測定された場合でも、同じような次の傾向があります。創業してから5年以内に高い企業成長率が達成され、それ以降は平均成長率が非常に低い水準で安定して推移していることがわかります。

なぜ企業年齢とともに成長率は低下していくのでしょうか。経済学では、企業が成長するのは、平均費用が最も低い水準となる規模を達成することを目指すためであると広く認識されてきました(Hart, 2000)。この考えによれば、企業はU字型の費用曲線を有しており、最小効率規模(ＭＥＳ)に達するまで成長することを目指します。U字型の費用曲線においては、企業は最適な規模であるＭＥＳを超えてさらに規模を拡大するインセンティブはありません。すべての企業がこの規模を目指すため、時間が経つにつれて企業規模のばらつきは少なくなると考えられます。実際に、この理論はいくつかの研究によって検証され、小さい企業だけがＭＥＳを目指して速く成長するという仮説が支持されています

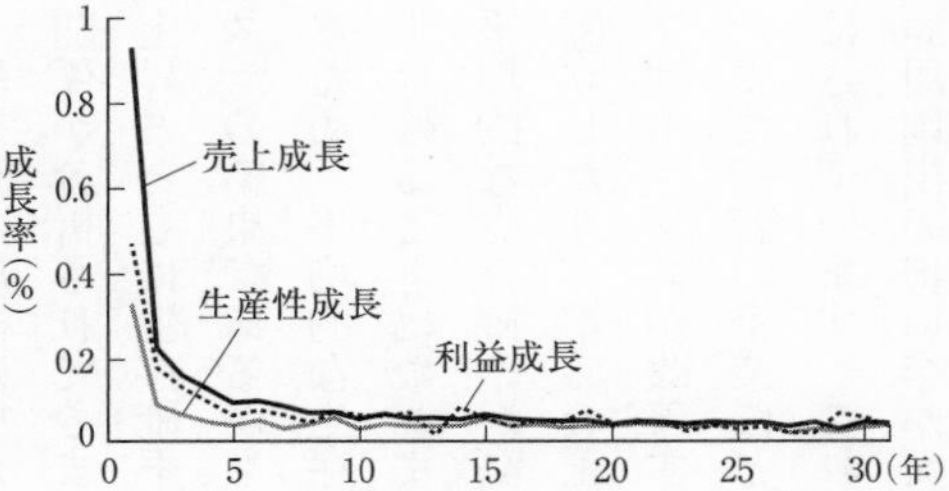

図 4-5　企業年齢と企業成長の関係
注：ポルトガル製造業のデータが対象となっている.
出所：Coad et al., (2013 b)

(Hart & Oulton, 1996)。

また、企業成長はサンクコストの存在と関連しています(Cabral, 1995)。企業は、創業する時点では、直面する環境が望ましい状況であるかどうか判断できず、サンクコストとなるような投資を大規模に行うことを躊躇するかもしれません。この考えに基づけば、企業は小規模で創業して、その後、望ましい状況であると判明した場合に投資を拡大していくため、すでに投資を済ませている大企業と比較して成長率が高くなると考えられます。

興味深いことに、これまでの企業成長要因に関する実証研究においては、企業年齢を考慮しない場合は、規模と成長に負の関係がある一方で、年齢を考慮した場合は、規模と成長には関係が見られなくなることが示されています(Haltiwanger et al., 2013)。「規模が小さいから企業が成長する」のではなく、「小さい企業の中で成長するのは年齢の若い企業である」ことを示唆しています。

さらに、企業年齢は高成長企業(ガゼル)になる確率と関係が深いことも明らかにされてきました。まず、高成長企業の多くは創業から間もない若い企業(特に創業後5年以内)であることがわかっています(Coad et al., 2018)。これまでは小規模企業が高成長の担い手であると信じられてきましたが、近年の研究からは若さこそが成長の源であることが示されています。そのため、欧州各国のスタートアップ支援施策においては、特に若い企業に対する成長支援が行われる傾向にあります（Flachenecker et al., 2020）。創業から時間が経過した小規模な企業が高成長企業になる可能性は、非常に低いからです。

さらに、高成長企業は、知識集約型サービス産業において登場しやすい傾向がある一方で、必ずしもハイテク製造業のような研究開発集約的な産業から登場する可能性は高くないことが明らかになっています（Daunfeldt et al., 2016）。これは、一般的なイメージとは異なるかもしれません。近年はディープテックと呼ばれる分野のスタートアップに対して重点的な支援が行われる傾向にありますが、最近の研究からはこのような分野に対する過度な重点支援は避けるべきであり、より広く知識集約型の産業を対象とすべきことが示唆されています。

その他の企業特性——産業と地域の環境

どのような産業や場所で創業するのかという点も、スタートアップの成否に少なからず影響を与えるでしょう。

企業のパフォーマンスは、直面している外部環境によって決まるのか、それとも企業が持っている内部資源によって決まるのかという問いは、長年にわたって取り組まれてきました。前者の「外部環境がパフォーマンスを決定する」というアプローチは、ポジショニング・ビュー、あるいはポジショニング・スクールと呼ばれています。このアプローチでは、経済学における産業組織の考え方を企業の競争戦略に応用し、企業が直面する機会を利用しつつ、直面する脅威を減らすことで競争優位を獲得することができると強調されてきました。

経済学では、競争が活発な市場では、効率的な企業のみが生存することができ、非効率的な企業は退出を強いられると考えられます。逆に、企業の数が少ない、競争が限定的な市場(独占や寡占)では、企業に対する競争圧力は少ないでしょう。また、1章で取り上げた排除効果によって、産業や地域レベルでの参入率と退出率には高い相関があり、新しい企業の参入によって非効率的な既存企業は追い出される可能性が高まります。これまでの研究からは、集中度が高い(企業数が少ない)市場、あるいは、参入率が低い市場では、スタートアップの生存確率が高いという結果が示されています(Geroski et al., 2010)。この点では、いかに競争を避けるか、ライバルがいない市場に参入するかという点が鍵になると言えるでしょう。

スタートアップを取り巻く地域要因として、最も注目されてきたのが集積効果です。起業の意思決定においても重要な役割を果たしますが、創業後の企業の生存可能性にも影響を与えます。関連企業が多数集積する地域においては、企業は労働力や投入物の調達の面で、大きなべネフィットを得ることができます。また、このような地域では、知識のスピルオーバー（波及）効果によって、企業はその地域で生み出された知識に低コストでアクセスすることが可能になります。これまでの研究からは、集積地域で創業するスタートアップは、それ以外の地域の企業と比べて生存確率が高いという結果が見出されています（Fotopoulos & Louri, 2000）。

また、ライフサイエンスやバイオテクノロジーのようなハイテク分野における研究開発型スタートアップにとっては、大学と近接する地域に立地することで、共同研究などを通して知識のスピルオーバーのベネフィットを享受できる可能性があります（Kato & Odagiri, 2012）。さらに、金融機関やＶＣが集積している地域に立地することで、創業時に必要な資金調達がうまく実現しやすい可能性もあります。特に、ＶＣにとっては投資先企業との物理的距離が遠くなるにつれてコスト（移動コスト、サーチコストなど）が増大することになるため、投資先のスタートアップにとっても、ＶＣからの支援が受けづらくなります。実際、ＶＣは物理的距離が近い企業に対して投資を行う傾向があります（Colombo et al., 2019）。このように、スタートアップにとって創業時の立地は、創業後のパフォーマンスを高める上で重要な要素となるでしょう。

（3）　創業後の戦略

スタートアップが成功する上で、どのような戦略をとるかという点も重要です。組織に関する戦略として従業員や経営陣に対する訓練といった人的資本への投資、外部からのエクイティ・ファイナンスを通した資金調達、イノベーション活動などが含まれます。また、国からのサポートをうまく活用することも重要な戦略となるでしょう。

これらのすべてを扱うことはできませんが、スタートアップの基本戦略について概観したのち、創業後の戦略として重要な役割を果たすと考えられる「外部からの資金調達」と「イノベーション戦略」を取り上げます。

スタートアップの基本戦略

スタートアップの基本的な戦略の方向性を考えるために、まずは伝統的な事業戦略のフレームワークを考えてみましょう。「ポーターの基本戦略」として知られているもので、広範囲の事業領域における戦略として、他社との違いを追求する「差別化戦略」と、低コストを追求する「コスト・リーダーシップ戦略」が挙げられます(Porter, 1980)。他方で、事業活動の領域が限定的な戦略として、「フォーカス」と呼ばれる形がとられることがあります。これは、幅広い事業領域で活動するのではなく、あえて狭い範囲で活動することで差別化、あるいはコスト・リーダーシップを追求する戦略をさします。

スタートアップのとるべき戦略として、まずは既存企業との競争を避ける戦略が考えられます。企業は、既存の市場に参入する場合は他社との競争に直面することになります。しかし、スタートアップにとって、競争相手と同じ製品やサービスを提供しても勝ち目はありません。競争相手の多くはすでに多数の顧客を獲得して、確固としたブランド力を構築しているかもしれませんし、すでに効率的な生産方法を確立しているかもしれません。したがって、スタートアップは、競争相手が提供している既存の製品やサービスと差別化された製品やサービスを提供することが重要になるでしょう。

スタートアップは、ポーターの基本戦略のうち、フォーカスの形をとることが多いと考えられます。スタートアップを含む小規模企業にとって、既存企業が支配的な立場を確立している市場では、競争に打ち勝つことが容易ではないからです。競争相手が供給していない隙間(ニッチ)的な製品やサービスを提供するという意味で、「ニッチ戦略」と呼ばれる戦略を採用する傾向があります。ニッチ戦略と類似した戦略として、「柔道ストラテジー」と呼ばれるものがあります(Yoffie & Kwak, 2001)。スタートアップが自発的に供給能力を小規模に維持し、拡大の意図がないことを既存企業に信じてもらうことで、既存企業からの報復を受けないようにする戦略のことをさします。「柔よく剛を制す」ことが重要と言われる柔道にたとえて、柔道ストラテジーと呼ばれています。

ニッチ戦略は、競争相手が供給していないという意味では競争を避けることができる一方で、狭い範囲の消費者をターゲットとして製品やサービスを提供することになります。言い換えれば、このような市場は需要が小さい可能性があります。したがって、創業後に大きく成長することを目指すのであれば、創業時にはニッチであったとしてもその後、需要の拡大が見込めそうかどうかが鍵を握るでしょう。この点では、起業家の人的資本として述べたように、業界における職務経験を持っている起業家は、市場に関する情報を豊富に有しており、ニッチや需要動向の把握という点でアドバンテージを持っていると言えるでしょう。

ニッチ戦略は、「先行者の優位性」と関連しています。市場にいち早く参入した先行者は、学習効果などの面で、後発者に比べて優位であると考えられています(Lieberman & Montgomery, 1988)。先行者は、後から他社が参入してきた時点では、すでに学習を通して効率的な操業が可能になっているかもしれません。また、ユーザーの数が増えれば増えるほど、彼らにとってのベネフィットが高まるようなネットワーク外部性が働く産業(たとえば電話などの通信産業)においては、先行者の優位性は顕著になる傾向があります。ニッチ戦略は、既存企業が進出していていないカテゴリーに進出することをさしているため、進出した企業が先行者になることを意味します。したがって、先行者の優位性を享受することができるかもしれません。しかし、先行者は、技術や市場の不確実性に直面する可能性があり、技術や市場の動向を見極めてから参入することができる後発者に比べて不利になる可能性がある点には注意が必要でしょう（Lieberman & Montgomery, 1998）。

また、スタートアップは、新しい事業を始めるにあたり、必要となる資金、人材、その他の経営資源が不足しがちです。これらの不足する経営資源を補完するために、スタートアップは、他の企業や大学を含め既存の外部組織とパートナーシップを結ぶことが重要な戦略となります。特に、企業間ネットワークを通じた外部資源の活用は、スタートアップの生存や成長のためには欠かせない戦略であることが指摘されています（Lechner & Dowling, 2003）。

外部からの資金調達

スタートアップの成長プロセスにおいて、ＶＣからの資金調達は非常に重要な役割を果たします。創業時の資金調達においては、自己資金を含めた内部金融が重要な位置を占め、外部の資金提供者の中ではエンジェル投資家が鍵を握ります。他方で、創業からある程度時間が経つにつれて、ＶＣの役割の重要性が増してきます。ＶＣからの資金調達は、スタートアップの成長に対してどのような影響を与えるのでしょうか。

ＶＣは、投資先のスタートアップが将来成長して、ＩＰＯやＭ＆Ａを通して株式売却を行うことで、投資額と売却額との差額としてキャピタル・ゲインを得ることを目指します。したがって、ＶＣは能力が高く成長ポテンシャルを有する企業をスカウトするために、多くの時間と労力を費やします。言うまでもなく、ＶＣからの資金調達はあらゆるスタートアップがしようと思って実現できるものではありません。これまでの研究からは、創業者あるいは創業チームメンバーの人的資本(学歴、業界経験あるいは起業経験など)や知的財産の取得有無(特許、商標など)といった、スタートアップの成長ポテンシャルを表すシグナルが、ＶＣからの資金調達に大きな影響を与えることが明らかにされています(Baum & Silverman, 2004)。

驚くべきことではありませんが、ＶＣが投資先企業を選定する際には、スタートアップが今後成長できるかどうかを見極めるため、スタートアップの選抜において何らかの基準を持っているはずです。いくら起業家が自分たちの能力をアピールしようが、何らかの客観的な成長ポテンシャルが示されなければ、ＶＣからの資金調達の確率を高めるシグナルとしては機能しないと言えるでしょう。このようなＶＣのスカウトの役目は「勝者選抜」と呼ばれることがあります。

同時に、ＶＣは投資先企業に対して助言を行うなど、経営に深く関わることで成長企業を育成する役割を果たします。ベンチャー・キャピタリストは、投資先スタートアップの起業家たちと密接な関係を構築して助言や指導を行います。したがって、スタートアップが成長するかどうかはＶＣの力量にかかっていると言っても過言ではありません。このようなＶＣのコーチとしての役目は「勝者育成」と呼ばれることがあります。実際、ＶＣ投資を受けた企業はそれ以外の企業と比較して、より大きく成長する傾向があることが示されています(Colombo & Grilli, 2010)。

イノベーション戦略

スタートアップの成功を決定する上で、競争優位の主要な源泉であるイノベーション能力の役割が注目されてきました(Colombelli et al., 2016)。これまでの研究からは、創業後の初期の段階でイノベーションを実現できた企業は生存確率を高めることができること、大規模な既存企業よりもスタートアップにおいてイノベーションの役割の重要性が高いことが明らかにされています(Rosenbusch et al., 2011)。このようなイノベーションを通した競争優位の獲得は、「イノベーション・プレミアム」と呼ばれることがあります。

もちろん、イノベーション活動は、企業内部におけるものにとどまりません。スタートアップは、イノベーション活動を単独で行うことは多くの場合困難であり、他の組織とパートナーシップを組むことで、乏しい資源や経験を補うことができます。また、スタートアップはパートナーシップを通して補完的資産を獲得することも求められるでしょう。

また、発明したアイデアについて特許を取得することが、企業の競争優位を構築する上で有効な戦略になることが認識されています(Hsu & Ziedonis, 2013)。特許は、発明した技術を競合他社が一定期間利用できないようにし、企業が研究開発投資からのリターンを適切に得られるようにするための重要な手段となります。スタートアップが特許を取得する動機として、投資獲得機会の向上や企業評価・製品イメージの向上が挙げられます。スタートアップは、特許取得によって外部のステークホルダーに対して、企業の成長性を示すことができると考えられます(Holgersson, 2013)。情報の非対称性が存在する中で、特許取得はVCを含む外部の資金提供者に企業の技術力をアピールする重要なシグナルとなり、資金調達の可能性が高まります(Hoenig & Henkel, 2015)。これらの結果として、特許の取得は、スタートアップの製品市場での競争力を向上させ、企業の生存確率を高めることにつながります(Kato et al., 2022)。

スタートアップは、特許を「交渉の切り札」として利用することで、技術利用に関するパートナーとの交渉で自らの立場を改善することができます。たとえば、既存企業との間でライセンシング、ジョイント・ベンチャー、M＆Aなどを通じて、競争ではなく協力関係を構築することで、より大きなベネフィットを得られるかもしれません。

実際に、研究開発型スタートアップは、特許を獲得することを目的とした既存企業からM＆Aのターゲットにされることがあります。たとえば、アップルは２０２０年にＮｅｘｔＶＲ社を約1億米国ドルで買収しています。実は、この企業は特許権を多数保有しており、アップルによる買収の目的の一つが特許の取得にあったと報道されています。日本では、前述したように２０１４年設立のＩｏＴプラットフォーム事業者のソラコムが、２０１７年にＫＤＤＩに買収されています。この取引には、買収発表時点でソラコムが保有していた18の特許の売却が含まれていました。このように、スタートアップは特許を持つことでM＆Aのターゲットとなることを含めて、アイデア市場において有利な立場を得られる可能性があります。

また、研究開発型スタートアップは、非研究開発型スタートアップに比べて成長率が高い傾向があることが示されてきました(Deeds, 2001)。他方で、研究開発投資はすべての企業において同じ影響を持つのではなく、一部の企業の成長にしか影響を与えないことを見出す研究があります。たとえば、自社で研究開発に取り組むだけでは成長を実現することができない一方で、他の企業とのパートナーシップを伴う場合に成長を促進する効果を持つことが示されています(Stam & Wennberg, 2009)。この結果からは、スタートアップが持たない補完的資産を外部組織とのパートナーシップを通して獲得することで、市場においてイノベーションを経済的価値に結びつけることができると言えるでしょう。

ここで取り上げたイノベーション戦略は、すべてのスタートアップがとりたいと思ってできるものではない点にも注意が必要です。本節の説明において明らかになったように、外部の資金提供者に対する能力のシグナルとして起業家の人的資本が重要な役割を果たします。イノベーション活動のための資金調達においても同様のことが明らかにされています(Honjo et al., 2014)。

さらに、企業がパートナーシップの戦略を通して外部知識を内部に吸収し、パフォーマンスに結びつけるには、自社で研究開発を実施して、自社の持つ「吸収能力」(外部知識の価値を認識して吸収、活用するために必要な専門知識)を高める必要があることが示唆されています(Cohen & Levinthal, 1990)。過去の歴史を持たないスタートアップにとっては、創業時には組織レベルでの吸収能力がありません。そのため、起業家の人的資本(特に起業家の過去のイノベーション経験)が企業の吸収能力として機能すると考えられます(Kato, 2020)。これらの点では、スタートアップがとりうるイノベーション戦略の範囲は、起業家の人的資本といった創業時の条件によって強く制約を受けると言えるでしょう。

4　創業時の条件の重要性

ここまで、スタートアップの成功要因について考えてきました。多くの示唆が得られてきた一方で、これらの研究ではいくつかの課題が残っていることが指摘されています。まず、企業が生存して高成長を実現するための「特効薬」は見つかっていないという点です。前節で論じたギャンブラーの破産理論によれば、創業後の成否を説明する上で「運」が非常に重要な要素であることが指摘されています(Coad & Storey, 2021)。実際、これまでのデータを用いた成功要因分析においては、企業の生存や成長のうち、せいぜい10％程度しか説明できていないことが明らかになっています(Coad, 2009)。逆に言えば、幸運にせよ悪運にせよ、スタートアップが成功する上で運の要素が強いことが示唆されているのです。

これまでの研究をもとに最も確実に言えることは、「創業時に資金を含めてどれだけ豊富な資源を持っているか」が鍵になるという点でしょう。起業家が創業時に多くの資源を持っていることで、創業後の「ギャンブル」の機会が増え、その分、成功確率も高まるでしょう。もちろん、創業後の戦略によって成功確率を高めることもできますが、スタートアップにとって創業後にとりうる戦略のオプションを広げるためには、創業時の条件が決定的に重要であることが示唆されています。創業時の条件としての起業家の人的資本の水準は、スタートアップが創業後にとりうる戦略オプション（資金調達、研究開発、オープン・イノベーションなど）にも大きな影響を与えます（Okamuro et al., 2011; Kato et al., 2015）。

このような点を踏まえると、起業家が創業後に成功する確率を高めるためには、「どのように創業するか」をあらかじめ考えることが重要であると言えるでしょう。創業時の条件は、創業前の期間における広い意味での「学習」によって形作られることになります。これまでの研究でも、創業前の準備期間（「妊娠期間」（gestation period）と呼ばれる）における学習の重要性が明らかにされています（Chen et al., 2018; Bennett & Chatterji, 2023）。

たとえば、起業の意思を持つ人は、事業アイデアの着想後の準備期間にプロトタイプの製品やサービスを作り、ビジネスプラン・コンテストやクラウド・ファンディングなどを通して事業化する価値があるかどうかを見極めることは重要な準備となるでしょう。関連する市場の動向を調査して分析することも不可欠でしょう。創業前の準備期間における学習を通して、必要に応じて「ピボット」(事業アイデアの修正や変更)することも不可欠でしょう。現実には、驚くべきことに、起業準備者の中で友人に事業アイデアを相談すらしていない人も40%程度存在し、競争相手の調査すらしていない人が60%もおり、90%が需要の検証さえ行っていないことが示されています(Bennett & Chatterji, 2023)。

創業前の学習をより広く捉えれば、業界における職務経験によって、産業あるいは市場動向を含め必要な知識やスキルを身につけることが重要でしょう。このような創業前の経験を通した学習によって、創業後の事業の不確実性を低下させることができます。たとえば、業界経験を持つ起業家が担う従業員スピンアウトは、出身企業で獲得した知識やスキルが継承されるため、創業時点で大きなアドバンテージを持つことが理解できるでしょう。

スタートアップの成功は、創業後の運にも大きく左右されますが、創業前の準備(資金を含め必要な資源の獲得や学習)をいかに行うかが鍵を握ります。政策的な観点からすれば、起業することを希望あるいは準備する人に対して起業を急がせるのではなく、起業する前の学習を含めた「準備」を促進する必要があるかもしれません。

第III部 日本のスタートアップを考える

第5章 「起業家の登場」への処方箋

1　日本における起業活動の現在地

日本におけるスタートアップを含めた起業活動はどのような状況にあるのでしょうか。日本の起業活動の現状と課題について、客観的な根拠がなく、主観的で感覚的な議論がまかり通っていることはないでしょうか。たとえば、日本人は起業スピリットに欠けるという言説を耳にすることがありますが、本当にそうなのでしょうか。仮にそうだとして、どのような根拠に基づいているのでしょうか。今後の持続的な起業家の登場とスタートアップの成長を通した経済活性化への道を探る上で、根拠のない言説に基づいた議論は、適切ではない施策の実行につながる恐れがあり、避けなければなりません。

本章では、日本の起業活動がどのような状況にあり、どのような課題を抱えているのか、その背景を探り、アカデミックな観点からの処方箋を考えていきたいと思います。

起業活動水準の測定

まずは国レベルの起業活動水準の測定の方法を明らかにした上で、日本の起業活動の状況について見ていきたいと思います。

まず、いったい何をもって起業活動と言うのでしょうか。また、起業活動の水準が高いとか低いとかをどう判断するのでしょうか。何をもって起業活動が行われていると判断するのか決まった基準がないため、客観的に把握することは、実は簡単なことではありません。起業をしようと決めてそれに向けて準備を行うことを含むのか、新しい企業(会社)を設立することをさすのか、新しい製品やサービスを開発することをさすのか、などと考えると必ずしも起業活動というものが何をさすのかについては明確な基準がありません。このような問題は、実は研究者にとっても常に悩ましい問題です。

最も一般的と言えるのが、起業活動の水準を経済全体に存在する企業の中で、一定期間に「どのくらい新しい企業が生まれたか」を示す「開業率」として測定する方法です。たとえば、今世の中に1万社が存在していて、この1年に1000社が新しく設立された場合は、今年の開業率は10%と判断します。同様に、新しく100社設立された場合の開業率は1%となります。前者は後者と比べて起業活動の水準が高いことは明らかであり、起業活動の水準を捉える上で開業率は妥当な指標と言えるでしょう。

しかし、このような測定には課題もあります。起業家によって新しい企業が設立された場合は開業率に反映されますが、起業を志している人が何らかの理由で新しい企業の立ち上げに至らず断念した場合は反映されません。したがって、どのくらい起業家を志す人がいるのかといった潜在的な起業活動を捉えるには開業率は適切な指標ではありません。もしかしたら、起業するためのハードルが何らかの理由で高く、起業家を志す人が企業を設立するまでに至らないケースが多いかもしれません。逆に、起業のハードルは高くないが、そもそも起業を志す人が少ないのかもしれません。したがって、実現した起業活動を捉える開業率だけでなく、潜在的な起業活動を把握することは、今後の起業活動の促進策を考える上でとても重要であると考えられます。潜在的な起業活動の水準は、国内に関しては「就業構造基本調査」や国際的には「グローバル・アントレプレナーシップ・モニター調査」といった調査によって把握されてきました。

起業活動の水準を捉える方法は、この他にもあるかもしれません。たとえば、既存企業における起業活動は企業内起業（イントラプレナーシップ）あるいは社内ベンチャーと呼ばれますが、新しい事業への取り組みという意味においては、新しい企業の設立を伴う場合と同様に起業活動に含めるべきかもしれません。しかし、このような企業内起業の水準について定量的に把握することは容易ではありません。それに、新しい企業が生まれるわけではありませんので、企

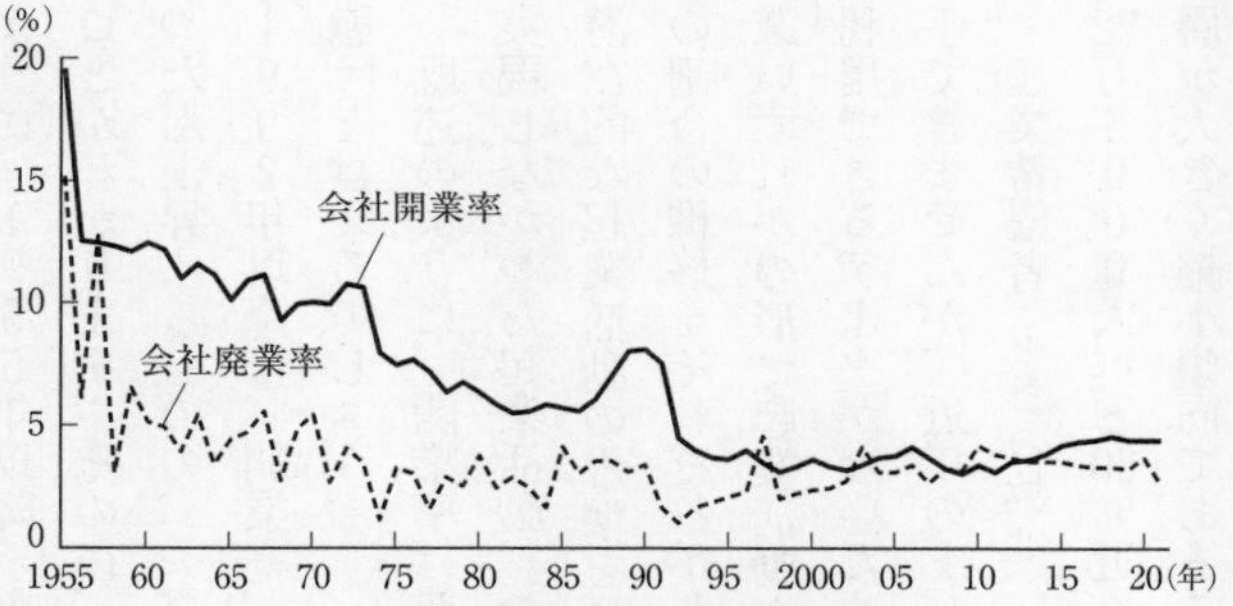

図5-1　開業率と廃業率の推移

注：1)会社開業率＝設立登記数／前年の会社数．2)会社廃業率＝会社開業率－増加率((前年の会社数＋設立登記数－当該年の会社数)／前年の会社数)
出所：「民事・訟務・人権統計年報」法務省，「国税庁統計年報書」国税庁などをもとにした「中小企業白書2022年版」より筆者作成．

業数の増加を通した競争の活性化には直接はつながりません。また、既存企業内の活動という意味では、イノベーションのインパクトという観点でも新規性は期待できないかもしれませんし、新規性あるいは小規模性の不利益といった影の部分においてスタートアップとは大きな相違点があると言えるでしょう。

これらの点では、開業率などの新しい企業の設立を伴う起業活動の指標は、国全体の起業活動の水準を捉える上で妥当なものと言って差し支えないでしょう。

日本の起業活動の水準

日本の起業活動の水準について、見ていきたいと思います。まず、図5-1には日本における1955年から2020年までの60年以上にわたる開業率(参考までに廃業率)が示されています。この図に示されているように、1955年以降、1970年代前半までは開業率が長期にわたって10%を超えていたことがわかります。その後、1980年代後半から1990年頃までのバブル経済の時期にいったん上昇するものの、一貫して低下傾向にあることが見てとれます。バブル経済の崩壊後、1992年以降は、開業率が5%に達した年は一度もなく、現在は長期的に「安定した低迷状態」と言えるでしょう。

既述のように、開業率は新しい企業の設立を伴う起業活動の程度を表します。したがって、実現しなかった起業活動、つまり潜在的な起業活動は開業率では捉えきれていません。そこで、潜在的な起業活動の水準を見るために、図5-2において、起業希望者、起業準備者、起業家の割合の推移をそれぞれ示しています。起業希望者と起業準備者については、本業あるいは副業いずれかの形で起業活動を行うことを希望(準備)している個人の数の推移が示されています。利用できるデータがないため、開業率のように長期的に時系列で比較できず、直近の情報は入手できませんが、近年のトレンドを捉えるには十分でしょう。

起業希望者(本業)の数は、2007年から2017年までの10年で101万4000人から72万5000人へと30%近く低下していることがわかります。この点からは、起業の担い手の層が大きく縮小傾向であることは明白です。起業の担い手の層の縮小幅は、日本全体の15歳か

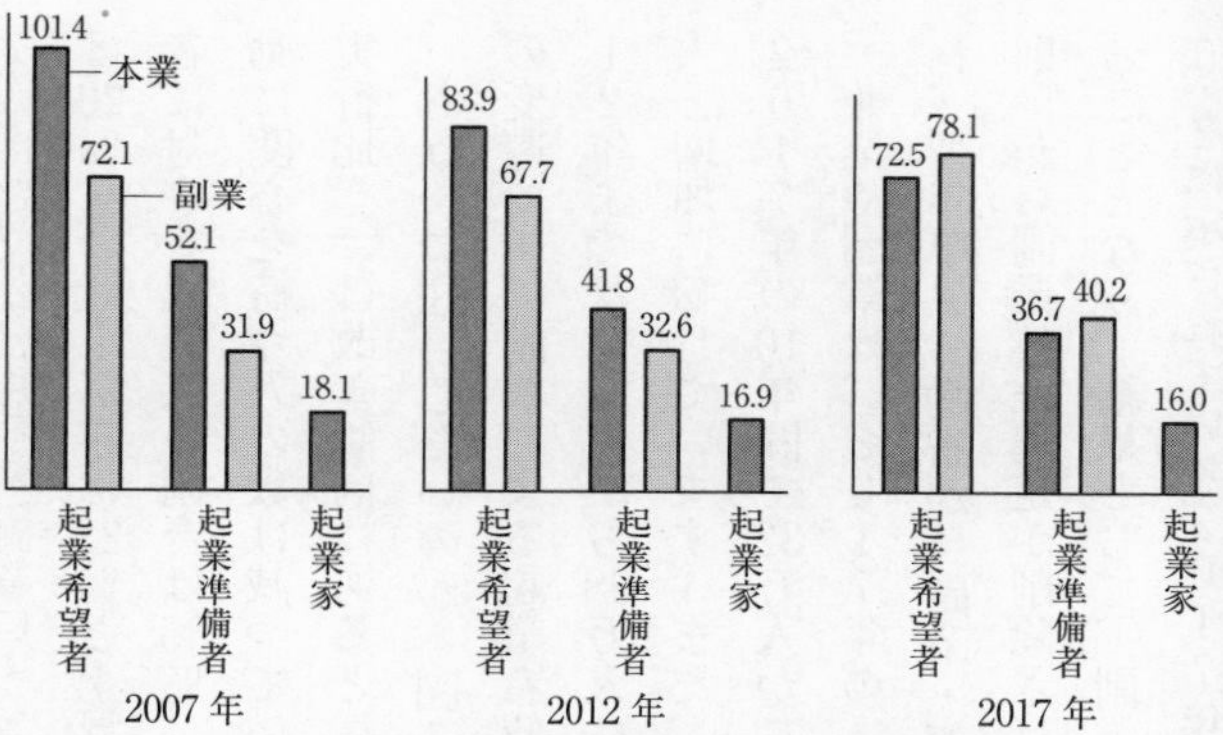

図 5-2　起業希望者，起業準備者，起業家の数(万人)

注：1)起業希望者：有業者の転職希望者のうち「自分で事業を起こしたい」あるいは無業者のうち「自分で事業を起こしたい」と回答した者．2)副業起業希望者：有業者のうち「現在の仕事のほかに別の仕事もしたい」かつ「自分で事業を起こしたい」と回答した者．3)起業準備者：起業希望者のうち「(仕事を)探している」または，「起業の準備をしている」と回答した者．4)副業起業準備者：副業起業希望者のうち「(仕事を)探している」あるいは「起業の準備をしている」と回答した者．5)起業家：過去1年間に職を変えた又は新たに職に就いた者で，現在は会社等の役員又は自営業主となっている者のうち，自分で事業を起こした者．なお，副業としての起業家は含まれていない．

出所：「就業構造基本調査」(中小企業白書 2019 年版)総務省

ら64歳までの労働力人口の減少幅（総務省「労働力調査」によれば、同期間で６１３５万人から５８９９万人へと４％未満の減少）と比べても格段に大きいことになります。同様に、実際に起業活動へ向けて着手している起業準備者（本業）の数も、同期間で52万１０００人から36万７０００人に大きく減少しています。

一方で、実際に新しい企業を設立した起業家の数は２００７年から２０１７年の間に18万人から16万人と減少しているものの、起業希望者や起業準備者に比べて減少幅はそれほど大きくないことが観察できます。起業希望者は20％、2017年は22％と上昇傾向にあることは注目に値するでしょう。同様に、起業準備者に対する起業家の割合は35％、40％、44％と上昇しています。これらを総合すると、起業活動に関心を持つ人の数は減っている一方で、このような人が実際に起業を実現する「起業活動実行比率」は改善傾向にあると言えるかもしれません。

もう一つ注目したいのが、図5-2で示されている副業による起業希望者と起業準備者の数の変遷です。副業による起業希望者数は、本業の場合とは大きく異なり、2007年から2012年までは72万人から68万人に減少している一方で、2012年から2017年までは78万人と増加に転じています。また、驚くべきことに、副業での起業準備者の数は2007年から2017年の10年間で32万人から40万人へと大きく伸ばしていることが観察できます。

兼業や副業は、2017年の「働き方改革実行計画」において認める方向で閣議決定がなされ、翌年厚生労働省が「副業・兼業の促進に関するガイドライン」を発表し、「モデル就業規則」から副業禁止規定が削除されています。これによって兼業や副業の許可は各社に一任されることとなり、結果として、副業による起業活動が活発化してきている可能性があります。図5-2に示されている2017年の調査時点の数値には、これらのルール改定の効果が表れて

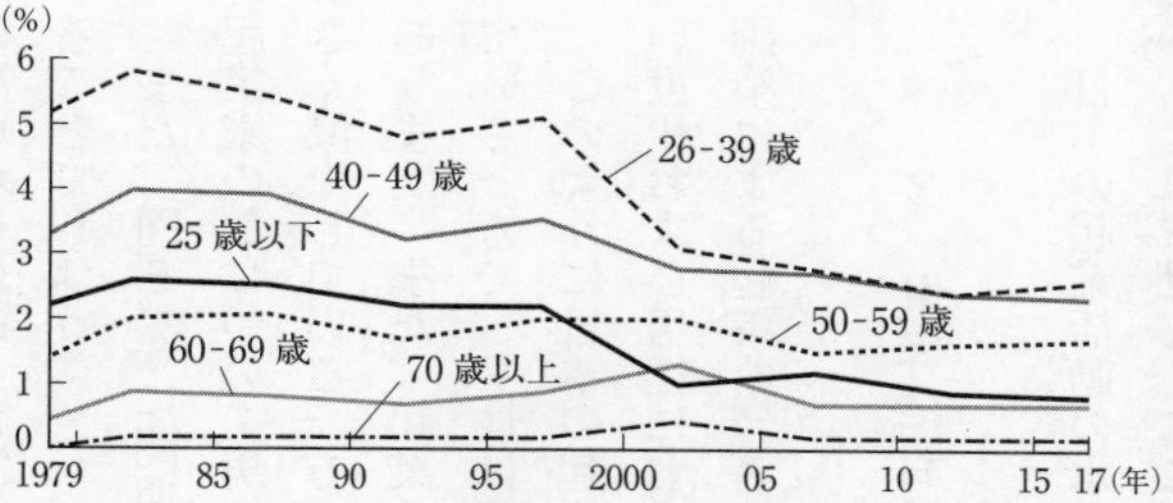

図5-3　同年代の人口に占める起業希望者比率の推移

出所：「平成30年度労働力調査，就業構造基本調査，賃金構造基本調査，雇用動向調査，個人企業経済調査に関する再編加工に係る委託事業報告書」中小企業庁をもとに筆者作成．

いるとは考えづらいものの、それ以前より始まっていた働き方改革の流れを反映していると解釈できなくもありません。

起業希望者の減少については、もう少し詳しく考えておく必要があるように思います。言うまでもないことですが、少子高齢化が進む日本においては、若い世代の人口が大きく減少し、高齢者の数が大きく増加しています。したがって、単に起業活動に関わる世代別の数の推移を見ても意味がありません。そこで、図5-3には、1979年から2017年までの同年代の人口に占める起業希望者の比率の変化が示されています。まず、50歳以上の起業希望者比率は、この40年近くで全体として大きくは変わらないものの、わずかに上昇傾向にあることが観察できます。より重要なのは、50歳以上の世代とは反対に、40歳代以下の人口に占める起業希望者の比率が大きく減少傾向にある点です。さらに特筆すべきは、1990年代までは起業希望者の比率が他の世代と比べて格段に高い水準にあった30歳代以下の世代において、２０００年代以降に顕著な落ち込みが見られることでしょう。

また、図５-３に関連して、男女別の起業の担い手の推移について確認しておきましょう。起業家の数について男性は２００７年の14万５０００人から２０１７年の11万６０００人へ大きく減少している一方で、女性は同期間に３万６０００人から４万４０００人へと増加傾向にあります。また、起業希望者の割合は、男性が同期間で５・１％から２・０％と半減以下となっている一方で、女性は同期間で０・８％から０・８％と横ばいであることが観察されています。

このように日本の起業活動の変遷を見ると、全体として活動水準が低下傾向にあり、特に若い世代および男性における起業の担い手が大きく減少している傾向が観察できます。一方で、副業による起業希望者や、女性の起業の担い手が増加傾向にあることは注目に値します。

２　世界における日本の位置

日本の起業活動の水準を考える上で、比較対象なく絶対的な評価をすることは適切ではないかもしれません。ここからは国際的な比較を通して、世界における日本の起業活動の相対的な水準について確認することにしましょう。

起業活動水準の国際比較

3章の図3-2で示したように、日本の開業率の水準は他の主要国と比較して相対的に低いことが明らかになっています。図5-4には、グローバル・アントレプレナーシップ・モニター調査に基づく起業活動に関する国際比較の結果が示されています。まず、図5-4(a)には、主要国における起業活動の総合指数が示されています。この指数は、各国における18歳から64歳の人口に占める起業準備者あるいは新規事業を始めた起業家の割合を表しています。したがって、開業率と比べると、潜在的な活動を含めたより広範囲の起業活動を捉えている指標と言えるでしょう。この図で示されているように、米国では回答者の20%近くの個人が何らかの起業活動に従事している一方で、日本では起業活動に従事しているのは6%程度であり、国際的に見て下位に位置していることがわかります。

図5-4(b)は、起業活動に関わっていない人の中で、起業機会を認知している人の割合を表しています。図5-4(c)は同様に、起業能力を保持していると考えている人の割合が示されています。起業機会や起業能力を持っている人は、潜在的に起業家になる可能性が高いと言

(d) 望ましいキャリア選択としての起業家(18-64歳人口に占める「「自国ではほとんどの人が起業を望ましい職業選択と考えている」という意見に賛成する人」の割合)

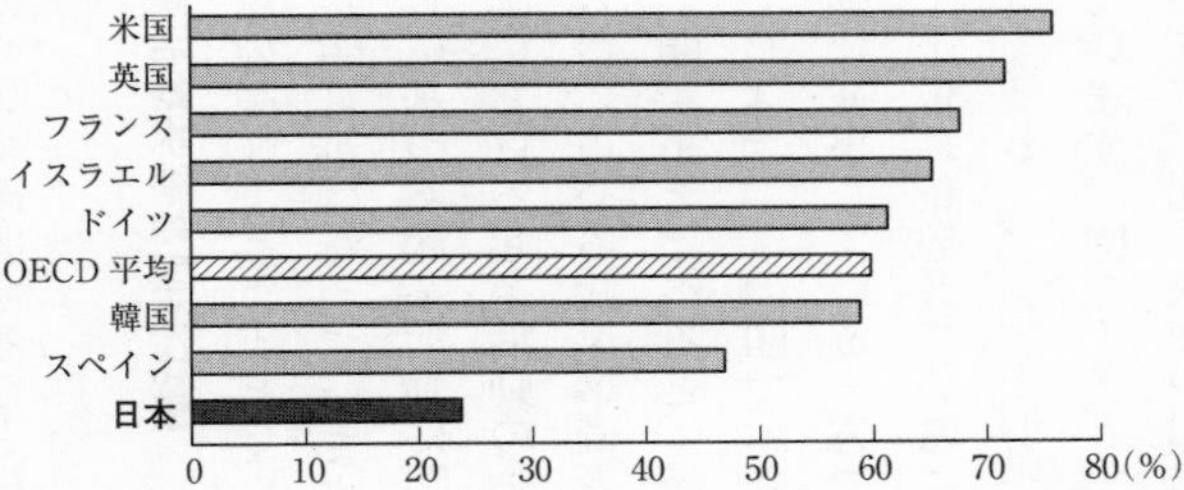

(e) 女性起業家比率(18-64歳の女性人口に占める「起業準備者あるいは新規事業を始めた起業家」の割合を男性のそれで割ったもの)

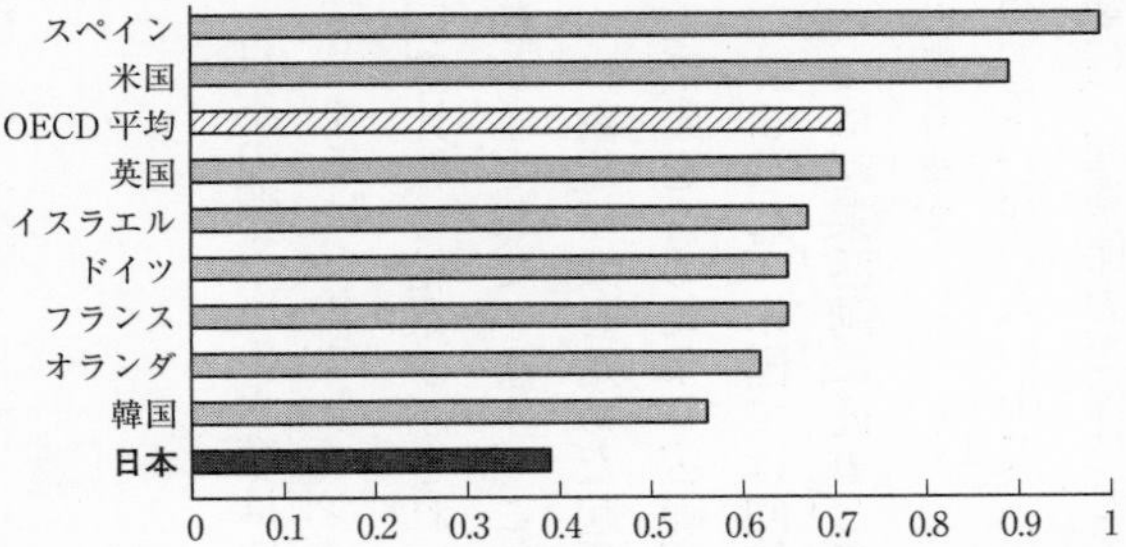

(f) 企業内起業活動の水準(新商品や新サービスの開発・発売, 新規事業部門, 新規設立, 子会社設立などの起業活動への従業員の関与率)

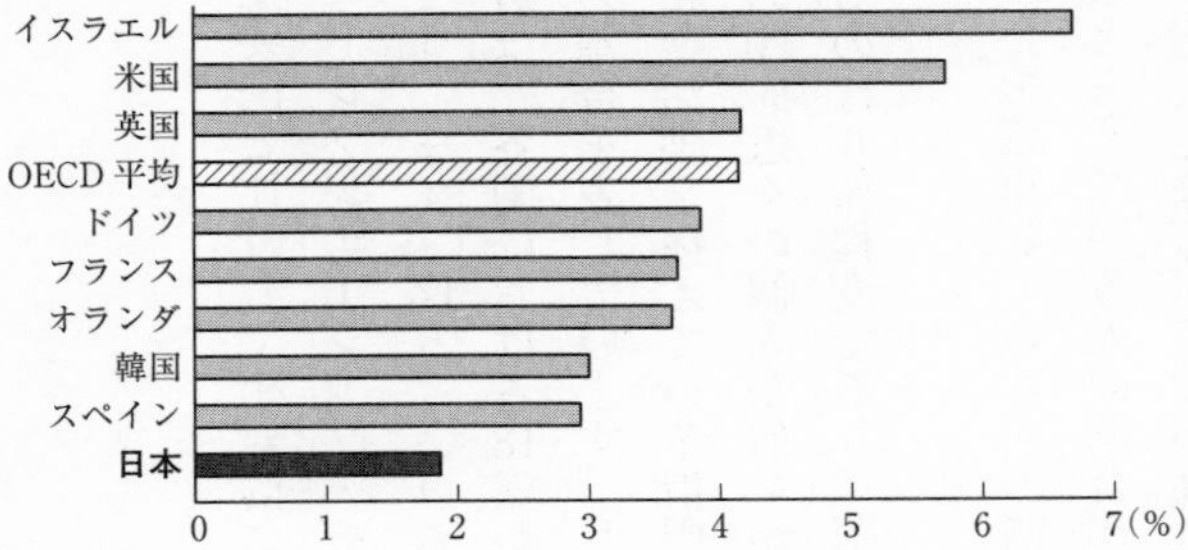

の国際比較

プ・モニター調査(2022年版, ただし2021年版で補完)

(a) 起業活動の総合指数(18-64歳人口に占める「起業準備者あるいは新規事業を始めた起業家」の割合)

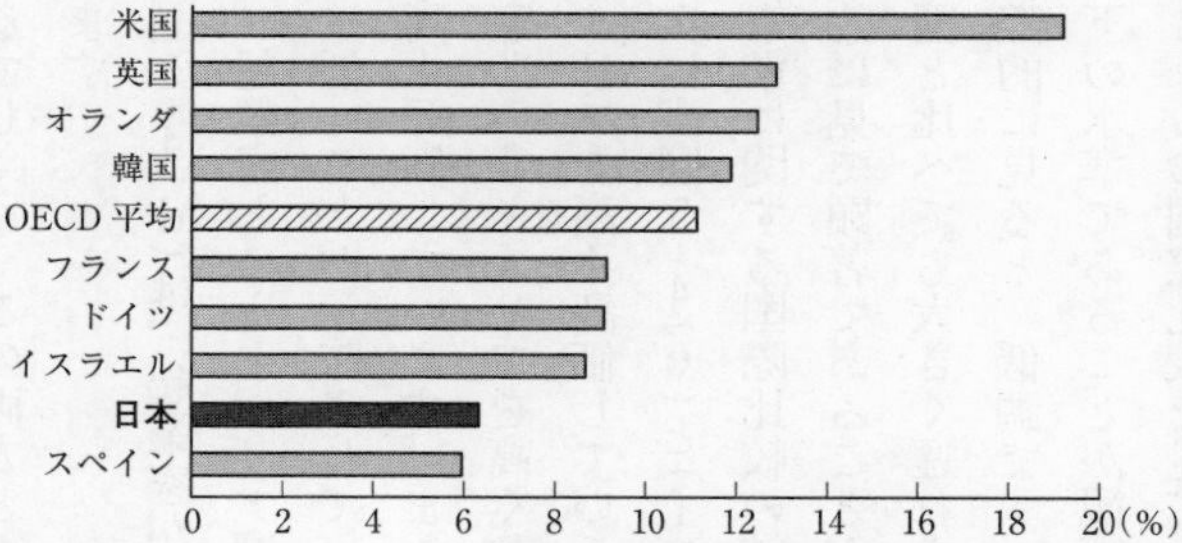

(b) 起業機会の認知(18-64歳人口に占める「良い創業機会があると考える人」の割合．ただし，起業活動に関わる個人は除く)

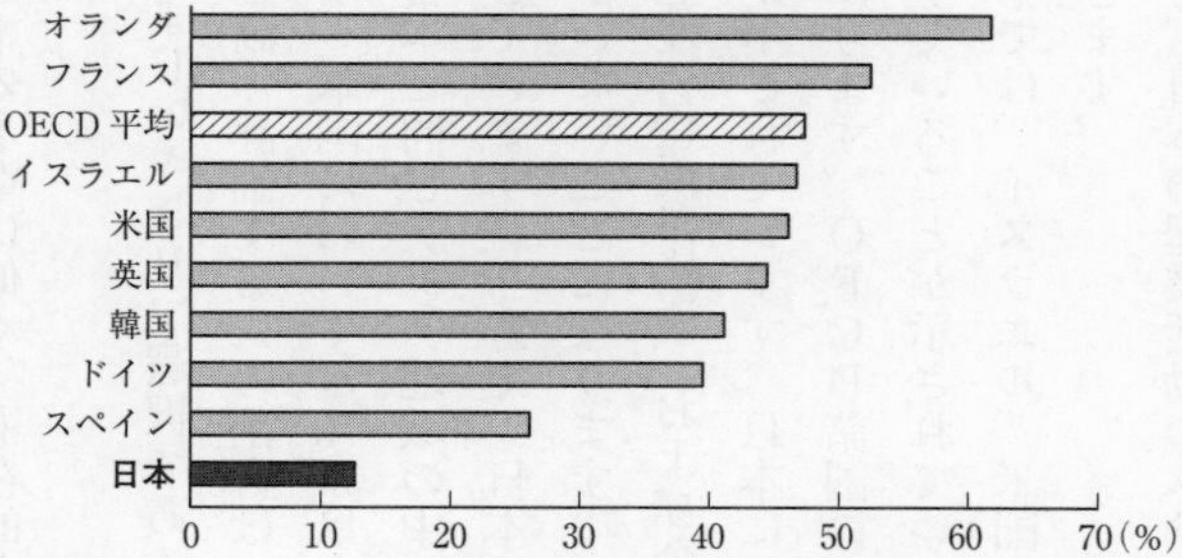

(c) 起業能力の保持(18-64歳人口に占める「起業に必要なスキルや知識がある」と考える人の割合．ただし，起業活動に関わる個人は除く)

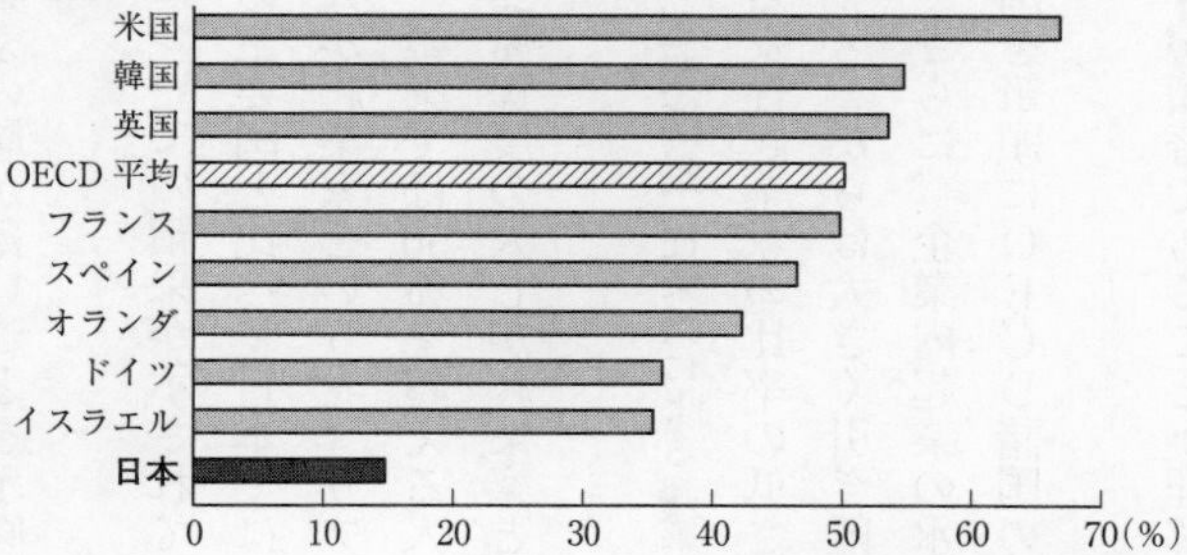

図5-4　起業活動

出所：グローバル・アントレプレナーシッ

えるでしょう。この両方ともに日本の水準は低く、潜在的な起業家の層が薄いことを示唆しています。

図5-4(d)は、起業家が、望ましいキャリア選択であるかについての結果が示されています。起業家というキャリア選択を高く評価する人の割合は、他の主要国と比べて日本では圧倒的に低いことが示唆されています。米国においては70%以上の人が起業家というキャリア選択を高く評価しています。また、日本と同じアジア地域の中でも、韓国では50%を超える人が起業家というキャリアを高く評価しています。一方で、日本では25%程度の人しか起業家というキャリアを高く評価している人がいないことになります。

次に、図5-4(e)と(f)は、女性起業家比率、および企業内起業活動(従業員による起業活動)の水準に関する国際比較の結果が示されています。日本における女性起業家の比率の低さが国際的に見て顕著であることがわかります。OECD諸国の平均(0.7)からは大きく引き離され、韓国と比べても大きく遅れを取っていることが示されています。さらに、企業内起業の水準も国際的に見ると、低調です。日本では、イスラエル、米国、英国を筆頭にOECD諸国の半分以下の水準であることが観察できます。

これらの国際比較を見てみると、日本の起業活動の水準の低さが顕著であることが理解できるでしょう。特に、潜在的な起業活動の可能性を表すいくつかの指標(起業機会の認知、起業能力の保持、望ましいキャリア選択としての起業家)において圧倒的に低い水準であることは、今後の起業活動の促進に向けて注目すべきポイントと言えるかもしれません。同時に、女性の起業活動への関与や企業内起業活動の水準の低さも懸念材料と言えるでしょう。

起業環境の国際比較

日本における起業活動の水準が時間的な変化で見ると低下傾向にあり、かつ国際的に見ても相対的に低い水準であることが明らかになりました。日本の起業活動が低迷する背景には、どのようなものが考えられるのでしょうか。

日本の起業環境の現状について、国際比較を通して確認しておきたいと思います。３章で確認したように、起業活動はどのような環境でも等しく起こるわけではありません。起業活動が起こりやすい環境というものがあります。特に、スタートアップ・エコシステムの構成要素として述べたように、地域におけるさまざまな要素が起業活動の活性化において重要な役割を果たします。

表5-1は、２０１２年と２０２２年の日本、米国、ＯＥＣＤ加盟国(平均)の起業環境につ

表 5-1　起業環境の国際比較

起業環境	2012			2022		
	日本	米国	OECD	日本	米国	OECD
資金調達	3.98	4.53	4.06	4.49	6.00	4.85
政府の創業支援（重要度）	4.47	4.62	4.49	5.62	3.85	4.47
政府の創業支援（税制・規制）	3.77	3.73	4.20	4.48	4.78	4.84
政府の創業支援（施策）	4.33	4.42	4.72	4.59	4.04	5.19
教育（初等・中等）	2.67	3.58	3.51	2.49	3.53	3.46
教育（高等教育）	4.03	5.07	4.73	4.98	4.71	4.90
公的 R&D の産業移転	4.40	4.58	4.28	4.40	4.58	4.28
商業・専門的インフラ	4.23	5.48	5.22	5.05	6.35	5.62
国内市場の変化	6.23	4.68	4.91	7.10	5.37	5.05
国内市場の開放度	4.72	4.48	4.49	4.91	4.86	4.84
物的インフラ	6.93	6.98	6.62	7.42	7.44	6.44
文化的・社会的規範	4.08	6.87	4.70	3.81	7.04	4.80

出所：グローバル・アントレプレナーシップ・モニター調査（2012 年および 2022 年版）

いて多様な項目にわたる調査結果が示されています。この調査は、各国の専門家（各国で少なくとも36名が対象）に対するヒアリングをもとに、個人が起業する際の各国における起業環境について明らかにしようとするものです。この表では日本のスコアが両年ともにＯＥＣＤ平均を下回っている項目について網掛けにしています。

まず、資金調達は金融資源の利用可能性を表す指標で、エクイティ（株式資本）とデット（借入れ）による資金調達だけでなく、助成金や補助金も含んでいます。日本はＯＥＣＤ平均より低く、米国とは大きく差がついていることが表されています。日本における資金調達市場の整備の必要性が示唆されています。

政府の創業支援については、（1）経済政策における創業活動支援の重要性、(2)スタートアップや中小企業を奨励する上での税制や規制の妥当性、(3)創業支援施策について問われています。1つ目は2012年こそ米国やOECD平均を下回っていますが、2022年には日本のスコアはいずれの平均も上回っています。2つ目は、日本のスコアは両年ともに米国とOECDの平均と同等か下回っていることがわかります。3つ目は、2022年こそ日本は米国のスコアを上回っているものの、両年ともにOECD平均を下回っています。この調査の結果を見る限り、政府による創業支援については政策課題としての位置づけは高い一方で、その手段や方向性については改善の余地があると見られているようです。

次に、起業教育については、(1)初等・中等教育における教育・研修制度、(2)専門学校、短大、ビジネススクールを含む高等教育における教育・研修制度の2つの項目が含まれています。これらの項目では、新しい企業(中小企業)の創出や経営に関する研修がどの程度組み込まれているかについて問われています。まず、2つ目の高等教育における起業教育については、2012年の日本は米国とOECDの平均スコアを下回っているものの、2022年の日本はいずれの平均も上回っていることが観察できます。一方で、初等・中等教育における教育・研修制度に関する日本のスコアは、米国とOECD平均を下回っていることがわかります。近年は多くの大学で起業教育が取り入れられていることが反映されている一方で、初等・中等教育については、少なくとも本書執筆時点で全国的な展開は見られていません。本章の後の節で取り上げるように、今後の課題の一つと言えるでしょう。

この他に、起業環境の指標として、公的な研究開発(R&D)の産業移転に関する指標(国によるR&Dが新たな事業機会につながり中小企業が利用できるかどうか)、商業・専門的インフラ(中小企業を支援する財産権、商業、会計、その他の法的・評価サービスおよび機関の存在)、国内市場の変化(市場の変化の水準)、国内市場の開放度(新しい企業が既存市場に参入する自由度)、物的インフラ(通信、公共事業、交通などへのアクセスの容易さ)、文化的・社会的規範(起業活動に関する文化的・社会的規範における奨励・許容度)が挙げられています。これらのうち、商業・専門的インフラと文化的・社会的規範の2項目において、日本は米国とOECDの平均よりも低いスコアが付けられています。

商業・専門的インフラのような仲介サービスは、3章で論じたスタートアップ・エコシステムの一つの構成要素として重要性が高いと言えるでしょう。スタートアップをはじめ多くの中小企業は、知的財産を含め法的な専門知識に乏しく、持っている技術などの資源をうまく活用できないことが指摘されています(Lanjouw & Schankerman, 2004)。また、起業環境としての文化的・社会的規範は、米国と比べると大きく差を開けられています。日本においては、起業家というキャリアの社会からの評価が諸外国に比べて相当に低く(図５-４参照)、起業家の登場を後押しする文化的・社会的規範が形成されていないことが大きな課題と言えるでしょう。

ここまで国際比較を通して、日本の起業環境の課題を概観しました。しかし、ここには表れていない日本特有の課題もありそうです。次節以降、日本の起業活動を促進する上で重要な課題についてより具体的に考えていきます。

3　起業無縁層と起業教育

日本において起業家を目指す人が少ないことには、どのような原因があるのでしょうか。本節では、起業家を目指す人を増やす上での課題と方策を考えます。

起業活動に従事しない人の中でも起業活動との接点を持つ人もいれば、全く無縁の生活を送る人もいます。起業活動に従事していない人の中には、親や知り合いに起業家がいる場合もあれば、起業に必要なスキルを持っている場合もあります。起業能力を有するかどうかは言うまでもありませんが、起業家の知り合いがいるかどうかは起業活動への関心あるいは行動へのきっかけとなります。

各国において、起業活動に関わっていない個人(起業準備者あるいは新規事業を始めた起業家以外)の中でどのくらいの人が起業活動と近い距離、あるいは起業活動から全く無縁の距離に置かれているのでしょうか。図5-5(a)では、過去2年以内に新たにビジネスを始めた人を個人的に知っているかどうかで測る「起業家とのつながり」、および、新しい事業を始めるために必要な知識や能力を持っているかどうかで測る「起業能力」に基づいて、起業活動に関わっていない人々の起業活動からの「距離」が示されています。起業活動と最も距離が遠い「無縁層」は上記のいずれの指標においても該当なし、起業活動と適度な距離を持つ「中間層」はいずれかの指標に該当あり、起業活動との距離が最も近い「関連層」はいずれの指標においても該当ありの場合をさします。

図5-5(a)において、韓国、オランダなどの日本以外の国では、中間層と関連層を合わせた比率が半分以上を占めています。一方で、日本では無縁層が圧倒的に厚く、関連層がとても薄いことがわかるでしょう。さらに、中間層でさえ、他国の半分に満たない水準です。つまり、日本では起業活動と適度な距離を持つどころか、全く無縁の世界にいる人がとても多いのです。これが日本の起業活動における大きなボトルネックと言えるでしょう。

次は、潜在的に起業活動を行う可能性のある人のうち、どのくらいの人が実際に起業活動を

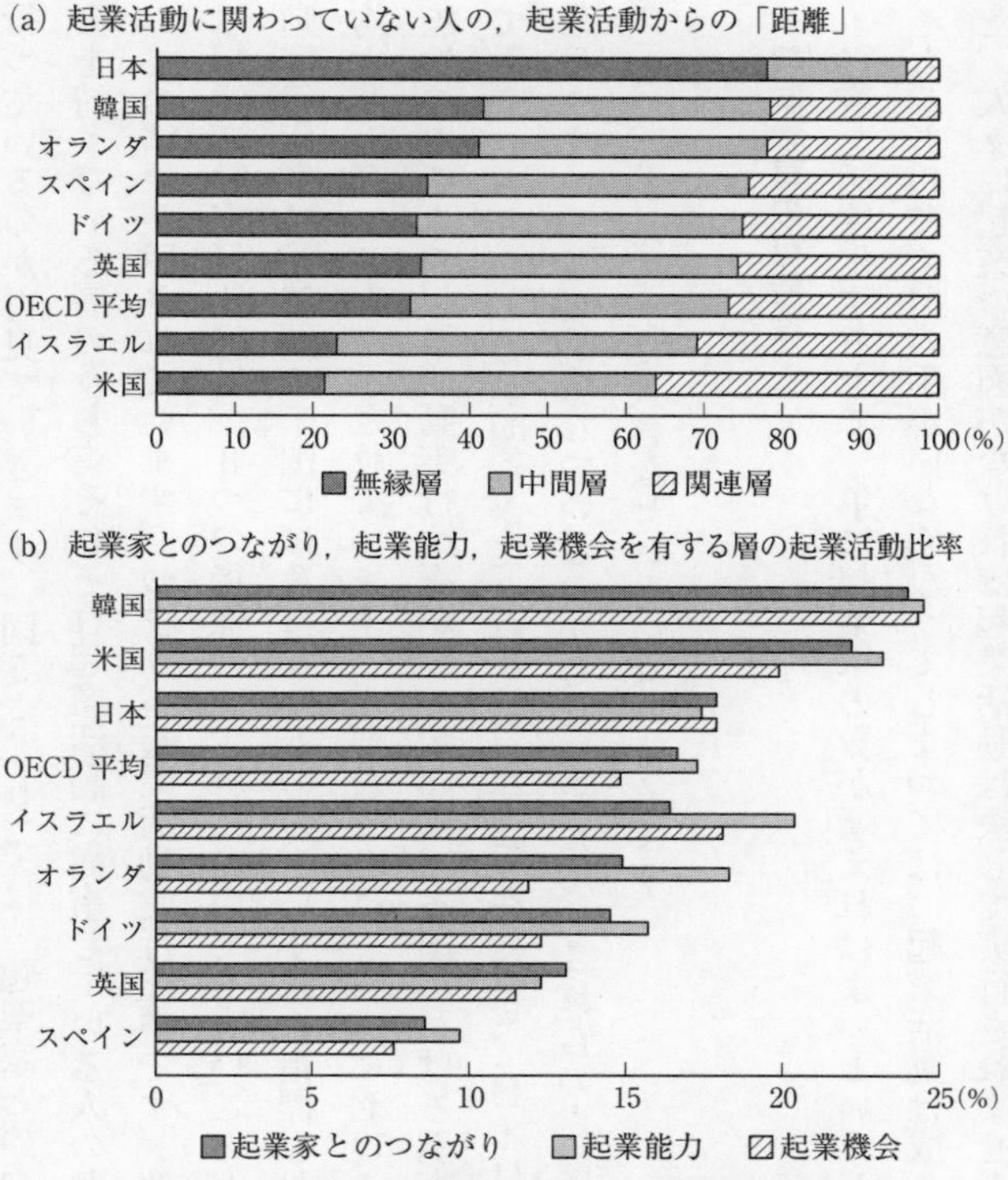

図 5-5　潜在的な起業活動の実態に関する国際比較

注：1)無縁層，中間層，関連層は以下の 2 つの指標に基づいて算出．①起業家とのつながり指標：過去 2 年以内に新たにビジネスを始めた人を個人的に知っている(1 人以上知っている場合に「該当あり」とした)．②起業能力指標：新しい事業を始めるために必要な知識，能力，経験を持っている(強くそう思う，そう思うと答えた場合に「該当あり」とした)．2)無縁層は上記①と②のいずれも「該当なし」，中間層は同いずれかに「該当あり」，関連層は同いずれも「該当あり」の場合をさす．

出所：グローバル・アントレプレナーシップ・モニター調査(2019 年版)個票データに基づいて，高橋ほか(2013)の方法を参考に筆者作成．

行っているのかを見ていきます。図5-5(b)では、起業家とのつながり、起業能力、起業機会を持っている層のうち、それぞれ起業活動に従事している人の割合がどのくらいなのかについての結果が示されています。つまり、起業活動実行比率です。他国の中で韓国や米国における起業活動実行比率は、3つの指標のいずれにおいても高いことがわかります。日本の起業活動実行比率は、韓国や米国には及ばないものの、いずれの指標においてもOECD加盟国の平均よりも高いことが示されています。重要なことに、日本における潜在的に起業活動を行う可能性のある人の起業活動実行比率が高い傾向は、各国における調査対象者の個人属性を考慮しても変わらないことが明らかにされています(Honjo, 2015)。日本は起業を志す人にとっては起業しやすいことを示唆しているのかもしれません。これらの点は、今後の起業家(スタートアップ)支援を考える上で大きなヒントになりそうです。

起業教育の可能性

経済を活性化する上で、単に起業家の数が増えればよいというわけではありません。しかし、そもそも起業の担い手がいなくなってしまっては、起業活動は成り立ちようがありません。また、人々に起業の意図がなければ起業活動は決して実行されません。起業の意図を持つような人（起業関心層）を拡充するためには、何をすべきなのでしょうか。これまでの研究からは、起業に特化した学習、つまり「起業教育」の機会を増やすことが一つの方策として考えられてきました。

「起業は教えられるものなのか」という問いは、長らく研究者の間で議論が続いてきましたが（Henry et al., 2005）。もし起業が教えられるものでないのであれば、起業教育の価値を見出すことはできないでしょう。しかし、政策的な観点からは、起業に対する意識は教育を通して身につけられるものであるとして、起業教育の促進の必要性が強調されてきました。実際、これまでの研究から明らかにされてきたように、起業に必要なスキルを持つことは実際の起業活動に結びつきやすいと考えられています（Honjo, 2015）。つまり、起業教育を通して起業能力を醸成することの必要性を示唆しているのです。起業教育といってもさまざまなレベルのものがあり、大学、大学院など高等教育レベルのものに加えて、小学校、中学校、高等学校など初等・中等教育レベルのものがあります。

実際、これまでに各国でさまざまな起業教育が行われています。近年、日本でも２０１４年に改訂された「日本再興戦略」において、起業教育が盛り込まれました。ここには、小学校や中学校からの起業教育の取り組み、大学・大学院の起業教育担当教員のネットワーク形成などの項目が含まれています。2022年に政府が発表した「スタートアップ育成5か年計画」においても起業教育の必要性が言及されています。

以下では、(1)高等教育レベルでの起業教育、(2)フォーマルな高等教育と起業家の登場、(3)初等・中等教育レベルでの起業教育、(4)社会の「起業に対する理解」とリカレント教育、という4点から起業関心層の拡充に向けた手がかりを探ります。

高等教育レベルでの起業教育

これまでの研究では、高等教育レベルの起業教育が学生の起業への関心を高めるということが見出されてきました。たとえば、オランダの大学(エラスムス大学ロッテルダム校)の大学院修士課程での起業教育プログラムを受講した学生を対象として、卒業後に起業意図が高まったかどうかを明らかにした研究があります(Rauch & Hulsink, 2015)。このプログラムには12カ月にわたる起業に関する理論の講義に加えて、成功した起業家のキャリアに関する分析、起業家を交えたインタラクティブな事例研究のセッション、履修者が中心となるアクティブ・ラーニング、そしてフィールド調査といった授業が含まれています。プログラムは、授業で学んだ知識を実際の起業活動に活用することに主眼が置かれていたようです。この起業教育プログラムを履修した学生は、同じ大学院修士課程のサプライ・チェーン・マネジメントプログラムを受講した学生と比べて、プログラムおよび修了試験後18カ月の時点で、起業意図が高まっていたことが明らかにされています。

ドイツのミュンヘン大学経営学部で、起業教育として位置づけられている「事業計画」(同学部の必修科目)という授業を対象にした研究があります(von Graevenitz et al., 2010)。この研究によれば、同科目を受講した学生の起業意図の程度は低下することが示されています。同様に、オランダの3都市にある高等教育機関(職業訓練校)における起業教育プログラムにおいて、学生の自己評価スキルへの効果は確認されていませんが、起業意図に対してマイナスの効果を持つことが示されています(Oosterbeek et al., 2010)。これらの研究では、起業教育プログラムによって受講生に対して起業家としての適性の有無を理解させることにも意味があり、起業意図に対するマイナスの効果は、ネガティブに受け止められるべきではないと結論づけられています。必ずしも起業の数が増えることだけが起業教育の成果ではないことを示唆しています。

このように起業教育の効果に関する結果が異なる背景として、いくつかの点が考えられそうです。まず、上記の諸研究には、分析対象に違い(大学、大学院など)があります。また、自らの意思で受講したプログラムか、それとも教育プログラムの中の必修科目の一つであるか(自らの意思で受講していないケース）の違いがあること、対象となる地域が異なること（地域間の起業文化の違いがあるはず）などが原因かもしれません。

より重要なことは、分析対象となっている起業教育の中身が異なっている点かもしれません。たとえば、起業教育プログラムの効果は、受講生の役割が能動的か受動的かという違いにも影響を受ける可能性があります（Walter & Dohse, 2012）。まず、受講者が能動的な役割を果たすプログラムとは、ロールプレイ、フィールドワーク、事業シミュレーションのように、受講者が何らかの体験を通して学習するものをさします。一方、受講者が受動的な役割を果たすプログラムとは、講義、映画鑑賞、文献調査などを通した学習をさします。どちらのタイプの起業教育も、事業アイデアを創造する方法や起業の実現可能性について学ぶことができるはずです。しかし、こうした学習スタイルの違いが、起業意図に及ぼす影響力に差を生むのかもしれません。

実際、受講者が能動的に学習に取り組むアクティブ・ラーニング型の起業教育は、起業の理論的な側面を中心に学ぶような受動的学習の形式の教育よりも、起業意図を醸成するには効果的であることが示唆されています（Rasmussen & Sørheim, 2006）。その理由として、起業活動が不確実性のもとでさまざまな「実験」を通して学習していくという要素が強いことや、受動的な学習スタイルの起業教育では、教員が主導的な役割を果たすため、学生の学習量が少なくなってしまうことなどが考えられます。自身が起業することに対する魅力や実現可能性を感じるには、実際に経験してみることが重要であることを示唆しています。

起業教育が受講者の起業意図に与える影響については、計画的行動理論と呼ばれる心理学分野の枠組みにおいて説明されてきました(van Gelderen et al., 2008)。この理論によれば、人々の起業意図は、行動への態度、行動制御感、主観的規範から生じるものとみなされています。行動への態度とは、起業という行動が魅力的に映るかどうか(自主性、期待される所得、挑戦や学習機会、仕事の大変さなど)を表しています。行動制御感には、起業に関する自己効力感、忍耐力、創造性といったものが含まれており、起業活動というものをどのくらい自分で実行できるものと感じているかを表しています。主観的規範というのは、本人にとって重要な他者から、起業行動を取ることに対して期待されていると感じているか否かに関する自己評価を表しています。このような要素があって初めて、人々が起業意図を持つようになるというわけです。起業教育によって起業というキャリア選択が魅力的であり、実行できるものであり、他者から評価されると感じてこそ、起業をしようという意図が生まれてくると言えるでしょう。

さらに、起業教育の効果は、教育が行われている背景(地域や国の起業文化など)の違いによっても異なることが指摘されています。たとえば、大学の起業教育プログラムの効果について、受講者参加型のアクティブ・ラーニングを行う起業教育は、地域を問わず受講者の起業意図にプラスの影響を与えることが示されています（Walter & Dohse, 2012）。しかし、受講者が受動的に学習するスタイルの起業教育は、起業文化が根づいていない地域では、受講者の起業意図を高めないことが見出されています。反対に、国レベルの分析では、起業環境の優れた国では起業教育の効果は限定的であるものの、起業環境が劣る国においてこそ、起業教育が効果を発揮することを示唆する研究があります（Walter & Block, 2016）。

以上のように、大学における起業教育は学生の起業意図を高める上で重要な役割を果たし、特に学生が能動的に授業に参加することが可能な起業教育プログラムが有効であると言えそうです。しかし、どのような環境において有効かという点では結論が出ていません。

このように高等教育における起業教育の重要性が認められる一方で、大学における起業教育の推進には課題もあります。まず、起業教育を担う人材不足の問題です。日本では、筆者を含め、起業やスタートアップに関する研究者はいても、実践的な起業教育（特にアクティブ・ラーニング型の教育）を担う能力のある研究者はほとんどいないのが実情です。大学に起業教育のプログラムを設置したとしても、肝心の教育を担当する人材がいないのではどうしようもありません。

現在、日本において起業教育関連のプログラムを設置している大学では、起業教育を専門としない教員(せいぜい起業に関心があるとか、民間企業勤務経験があるという程度)、大学OB・OGの起業家や経営者を含めた実務家、あるいは民間企業などで実務経験を持つ大学職員などが携わっているに過ぎません。東京大学や早稲田大学などの一部の大学を除き、多くの大学では「起業教育ごっこ」の域を超えていないのが現状かもしれません。バブソンカレッジをはじめ欧米の主要大学のような水準で起業教育プログラムを実行するには今後、専門家の育成が欠かせません。

また、大学は本来研究や(起業教育以外の)教育を行う場であることを忘れてはいけません。限りある予算の中で、本来の活動を犠牲にしてまで起業教育にコストをかけるわけにもいきませんし、起業教育のためだけに大学が存在するわけでもありません。起業活動だけでなく、アカデミックな研究の進展は社会全体の便益を高める上で重要な問題です。ただでさえ予算制約が増す状況の中で、大学における研究を担う教員の数を減らしたり、何らかの負担を増やして研究時間を減らしたりしてまで、起業教育を推し進めることが適切な施策と言えるのか十分に留意する必要があるでしょう。

フォーマルな高等教育と起業家の登場

起業教育に特化しないフォーマルな高等教育は、分析力や問題解決力の向上において重要な役割を果たすことも知られています。実際に、日本において十分な起業能力を有すると考えられる個人の割合は、高卒以下の個人と比べると、大卒や大学院修了の個人において統計的に有意に高い傾向があることが示されています(Koellinger et al., 2007)。特に、大学院修了の個人における割合は、大卒の個人の3倍以上であることが見出されています。大学や大学院では、起業に特化した教育だけに力を入れれば解決するわけではなく、起業意図を向上させるような起業教育に加えて、高度な専門知識を持つ人材の育成にも力を入れることが必要であることが示唆されています。

3章で紹介したように、教育年数の増加は、高成長産業においては起業確率を高める一方で、衰退産業においてはむしろ起業確率を低下させる効果があることが示されています(Ahn & Winters, 2023)。学歴の高い個人は、そうでない個人と比べてより多くの優れた就業機会を持つと考えられます。したがって、このような個人が起業した場合、賃金労働者として働いていれば得られたであろう所得(機会費用)以上の利潤機会を求めると考えられます。したがって、このような学歴の高い個人は、高い成長機会を求めるはずなので、衰退産業ではなく高成長産業において起業する可能性が高いと言えるでしょう。この研究からは、高成長企業を担う起業家を生み出すという意味では、起業教育に特化しないフォーマルな教育に対する人的資本投資の必要性が示唆されています。

起業関心層の拡充という点に加えて、4章でも取り上げたように、大卒や大学院修了といった教育水準の高い起業家によるスタートアップは、創業後のパフォーマンスが高いことが広く確認されています(Bates, 1990; Kato & Honjo, 2015)。特に、高度な専門知識を必要とする分野においては、起業教育によって起業意図を持たせることに成功したとしても、小手先の起業スキルだけでは新規性や競争力を持つ技術や製品・サービスを創出する起業家の登場は期待できないかもしれません。

初等・中等教育レベルでの起業教育

前節までで明らかになったように、日本では起業家というキャリアに対する社会からの評価が他国と比べて著しく低い状況にあります。多くの人々に起業に対するネガティブなイメージが植え付けられている日本の状況において、高等教育レベルの起業教育だけで人々の起業に対する意識を著しく改善させることは容易ではないかもしれません。

欧州委員会は２０１６年のレポートにおいて、加盟国に対して起業教育の重要性を説き、すべての若者が義務教育を終えるまでに、少なくとも1回は実践的な起業体験を受けるべきであることを強調しています（European Commission/EACEA/Eurydice, 2016）。課題解決型の学習や企業とのつながりを通じた実社会での経験のように、初等教育から新しい創造的な教育・学習方法を通じて起業家的な思考やスキルを習得することが推奨されています。

実際、中学校における起業教育プログラムの効果について、参加した生徒の起業家というキャリアに対する魅力や実現可能性の認知に対してポジティブな影響を与えることが明らかになっています（Peterman & Kennedy, 2003）。また、小学生に対する起業教育プログラムについて、参加した児童の起業に関する知識は高まらないものの、起業活動に必要とされる非認知能力の向上に寄与したことが示されています（Huber et al., 2014）。

ただし、これまで初等あるいは中等教育レベルでの起業教育についての研究はまだ十分に行われているとは言えず、確固とした指針が示されているわけではありません。先ほど述べたように、起業教育の効果は実施される地域や国の特性といったさまざまな背景にも影響を受けます。今後の研究の発展に伴って、さまざまな示唆が得られることを期待したいと思います。

社会の「起業に対する理解」とリカレント教育

ここまで論じてきたように、高等教育や初等・中等教育レベルでの起業教育は若い世代に対する起業活動への理解や関心を促進する上で、ある程度重要な役割を果たすかもしれません。他方で、ここまで考えてきた学校における起業教育は、必ずしも起業家を育てるためだけではないことを確認しておきたいと思います。人々が持つ起業家あるいは起業活動に対する理解を深めるという意味においても重要な役割を持っているでしょう(Rideout & Gray, 2013)。起業教育の効果については、受講者の中で起業意図を持つ人の数(あるいは起業の数)が増えたかどうかだけで捉えるというのは適切ではないかもしれません。

すでに言及したように、家族や友人などの本人にとっての重要な他者の起業というキャリアに対する評価が人々の起業意図に影響を与える以上、起業家を生み出すためには若い世代だけでなく、親世代を含め幅広い世代に対する啓蒙が鍵を握ると言えるでしょう。実際、日本で起業無縁層が多いのは、必ずしも若い世代だけではありません。したがって、若い世代に対する起業教育に加えて、社会人に対するリカレント教育(近年は「リスキリング」という言葉が用いられることがある)が人々の起業への理解を深める上で重要になるかもしれません。

日本では、大学への入学者のうち2018年の時点で25歳以上の人の割合が2・5%であり、

ＯＥＣＤ加盟国の平均（16・0％）と比べると非常に低いことが明らかになっています。同様に、大学院への入学者に関しては、修士課程入学時点の年齢が30歳以上の割合は、日本では13・2％であり、ＯＥＣＤ加盟国の平均（26・0％）を大きく下回っています。

また、多くの日本の企業では、働きながら学べる制度が整備されていません。「能力開発基本調査」（厚生労働省）では、職業人としての資質の向上その他職業に関する教育訓練を受ける労働者に対して与えられる休暇である「教育訓練休暇」を導入する企業の割合は、10％程度にとどまっていることが明らかにされています。また、オン・ザ・ジョブトレーニング（ＯＪＴ）を含めた企業内教育を実施する企業の比率も、近年大きく低下していることが明らかになっています。

当該企業において通用する知識獲得を目指す企業内教育は、起業を含め外部で活躍する上で必要なスキルの向上には十分ではありません。日本では、働きがいを感じていない労働者の比率が国際的に見て圧倒的に高いことを示すデータもあります（島津、2014）。社会人にとって社外で教育を受ける場がなければ、働きがいを持てるような職への転職に必要なスキルを身につけることも難しくなります。言うまでもなく、リカレント教育は起業に関わるものばかりではありません。とはいえ、社会人向けのビジネススクールをはじめ、大学には起業関連のプログラムを展開しているところが多くあります。その意味では、社会人へのリカレント教育が進むことで、起業関心層が増える可能性は十分にあるでしょう。

起業教育に関心を持つ若い世代を増やす意味でも、彼らを取り巻く上の世代の起業に対する意識を変える必要があることを指摘しておきたいと思います。起業を後押しする人たち（もっと言えば支援しないまでも起業を邪魔しない人）の存在が鍵になると考えられます。繰り返しになりますが、本人にとって重要な他者からどのように評価されていると感じているかが意思決定に重大な影響を与えるはずです。

起業に関心を持ち、起業意図を持つ層を厚くしていく上で、近くに起業家がいないまでも、家族、友人、同僚からの起業活動への理解やサポートが不可欠です。特に、起業家にとって家族のサポートは欠かせません。したがって、起業についての理解を促進する教育は、起業家を育成するために必要とされているだけでなく、起業（家）に対する理解を促進して後押ししてくれる（少なくとも邪魔しない）社会を作る上で欠かせない役割を果たすと言えるでしょう。

4　企業と労働の流動性

進まない企業の新陳代謝と加速する「少子高齢化」

日本の起業活動を活性化する上でのボトルネックの一つは、既存組織にさまざまな資源が固定化されている点と言って間違いないでしょう。既存の組織に人材、資金、技術といった資源が滞留することで、新しい企業を中心とした成長企業にこれらの資源が流れてこなくなります。結果として、起業を担う優秀な人材が出てこなくなったり、技術やアイデアが活用されなかったりと、効率的に資源が配分されないという問題が発生します。実際、日本における企業の新陳代謝(参入と退出)は他国に比べて非常に限定的であると言えるでしょう。

図5-6には、創業からの年数別の中小企業(従業員50人未満)の比率が示されています。日本において創業から2年以内の中小企業比率は5・9%となっており、他国の比率と比べると圧倒的に低いことが観察されます。この比率は、米国を含めた日本以外のすべての国で20%を超えています。反対に、創業から10年以上経過した日本における中小企業の比率は70%を超えています。この比率が50%を超えている国は、主要国においては日本以外にありません。これら

の点だけでも、日本でいかに企業の新陳代謝が欠如していて、企業における「少子高齢化」が顕著であるかについて、わかっていただけるのではないかと思います。

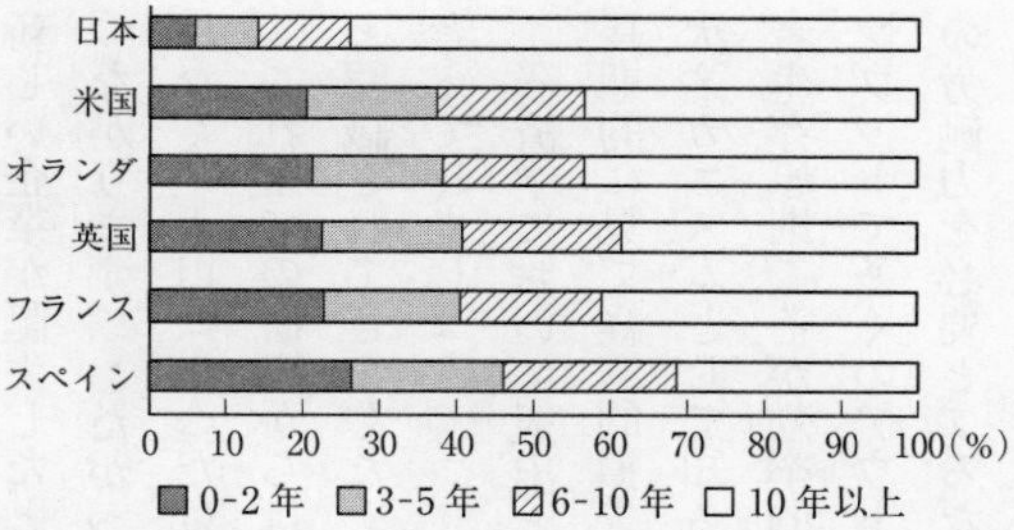

図 5-6　創業からの年数別中小企業比率(従業員 50 人未満)

注：1)日本は 2001-2009 年，米国・英国・オランダは 2001-2011 年，スペインは 2001-2010 年，フランスは 2001-2007 年．2)日本は事業所レベルでの集計，その他は企業レベルでの集計．

出所： Criscuolo et al., (2014)

退出の重要性

経済活性化における新陳代謝の重要性は、これまで社会で広く認識されてきたはずです。新陳代謝は、新しい企業の参入と生産性の低い企業の退出の両方によって実現します。しかし、政府は退出の促進という政策を掲げにくい事情があります。まず、その政策は、社会にはネガティブなイメージで受け止められ、反発を受けやすいと考えられます。政策担当者は、創業から数年程度のリスクの高い企業に対する支援を避ける傾向がある一方で、目に見える成果を上げたいという心理が働きがちです。政策担当者にとっては、自ら担当した施策によって退出企業を増やしたという実績よりも、講じた施策によって新しい企業が誕生したとか成長したとかというような実績のほうが自らの評価を高めることにつながります。したがって、政府による経済活性化に関する施策においては、「出口」(退出)ではなく「入口」(参入)だけが取り上げられがちです。

これまでの研究からは、新しい企業が誕生するためには、退出を促進することが重要であると認識されてきました。それはなぜなのでしょうか。まずは、資源配分の歪みという観点から考えてみましょう。

経済学において退出とは、企業が生産を止めて事業(市場)から撤退することを意味します。長期的に見て経済的損失を被ると予想するとき、企業は退出すると考えられています。自然淘汰メカニズムとして知られるように、環境変化にうまく適応する企業だけが生存するという適者生存原則こそが効率的な資源配分の実現には欠かせません。生産性の高い企業は、少ないインプットで多くのアウトプットを生み出すことができ、生産を拡大するプロセスにおいて多くの労働力を必要とするため雇用を生み出します。その結果として、当該市場の生産性を高めることにつながります。

したがって、生産性の低い企業が退出して、生産性の高い企業が参入することが経済全体にとっては望ましい結果になります。もし、生産性の低い企業が市場に長く留まることになれば、これらの企業で使われる資金、労働力などの資源が他の企業に回らなくなります。言うまでもないことですが、資金や労働力などの資源は無限にあるわけではありません。

現実の市場では、必ずしも自然淘汰メカニズムが機能するとは限りません。日本経済においては、本来存続が可能でないにもかかわらず、銀行による金利減免を通して延命されている「ゾンビ企業」の存在が指摘されてきました。その存在は、日本経済の低迷の一因であることが示されています(Caballero et al., 2008)。本来市場に任せていれば淘汰されるはずのゾンビ企業が人為的に生かされていることで、ゾンビ企業ではない他の企業が悪影響を受けることになります。

実際に、ゾンビ企業の存在が、ゾンビ企業以外の企業の投資、雇用、生産性に対して負の外部性を与えることが示されてきています(今仁ほか、2023)。経済全体の観点からは、新しい企業が誕生することに加えて、市場にうまく適応できない企業が退出するという新陳代謝は、健全な市場メカニズムを維持する上で欠かせません。これまで日本では生産性の低い企業に対する強い保護政策が講じられる傾向があり、本来市場に任せれば退出するはずの企業が市場に留まることにつながっています。コロナ禍における中小企業に対する支援措置によって、生産性の低い企業の延命を可能にした結果としてゾンビ企業が増加したことも示されています(Hoshi et al., 2023)。

日本では、創業時に金融機関から借入れを行う場合、経営者の個人保証が必要になるという制度の存在が退出を躊躇させる要因であることが指摘されてきました(Hoshi & Shibuya, 2023)。そのため、近年この制度は見直されつつあり、経営者の個人保証に依存しない融資が増えてきています。しかし、個人保証をなくすことで高まるリスクに対応するために、金融機関は貸出の際の金利を高く設定したり、融資の個人保証が外れた起業家のモラル・ハザードを引き起こしたりする可能性があり、個人保証をなくすことが必ずしも良い結果に結びつくとも言い切れません。経営者の個人保証については、今後見直しの影響について検証が進むことが期待されます。

後述するように、日本の硬直した労働市場においては、企業が消滅した後に経営者だけでなく従業員が新たな雇用先を見つけられないといった問題もあるでしょう。企業の消滅によって経営者だけでなく、従業員に対するネガティブな影響を避けるために経営者が退出という選択肢をとりづらい可能性があります。したがって、単に退出を促進するだけでなく、労働市場の流動性を高めるなどの環境整備とセットで考えることが必須でしょう。

不可欠な労働市場の流動性

日本の起業活動が活性化しない要因の一つとして、労働市場の硬直性が挙げられます。終身雇用や年功序列といった特徴を持つ日本の伝統的な雇用システムにおいては、従業員は若いときには生産性以下の賃金を受け取り、歳をとっていくにつれて生産性を上回る賃金を受け取ることになります。このシステムのもとで、従業員間での昇進競争を通じてモラル・ハザードを防ぎ、OJTを通した企業特殊的な人的資本の形成が重視されてきました。企業の観点からすれば、従業員の訓練費用を負担する以上、訓練に対する投資を回収する意味では長期雇用が必要条件になります。結果として、外部労働市場が発展してこなかったと考えられています。

このような労働市場の硬直性が、起業活動の低迷の一因であることが指摘されています（山内、2021）。起業経験が労働市場で必ずしも評価されず、起業して失敗するとその後のキャリアに大きな影響を与えると考えられます。図5-7に示しているように、日本における平均勤続年数（約12年）は他の先進国と比べて非常に長いことが知られています。3章で取り上げたように、解雇規制が強い場合を含め、労働市場が硬直的な国においては起業活動が停滞する傾向にあることが明らかにされています。日本のような雇用システムのもとでは、起業家というキャリアを選択するよりも被雇用者となることを選択するほうが期待所得は高く相対的なリスクが

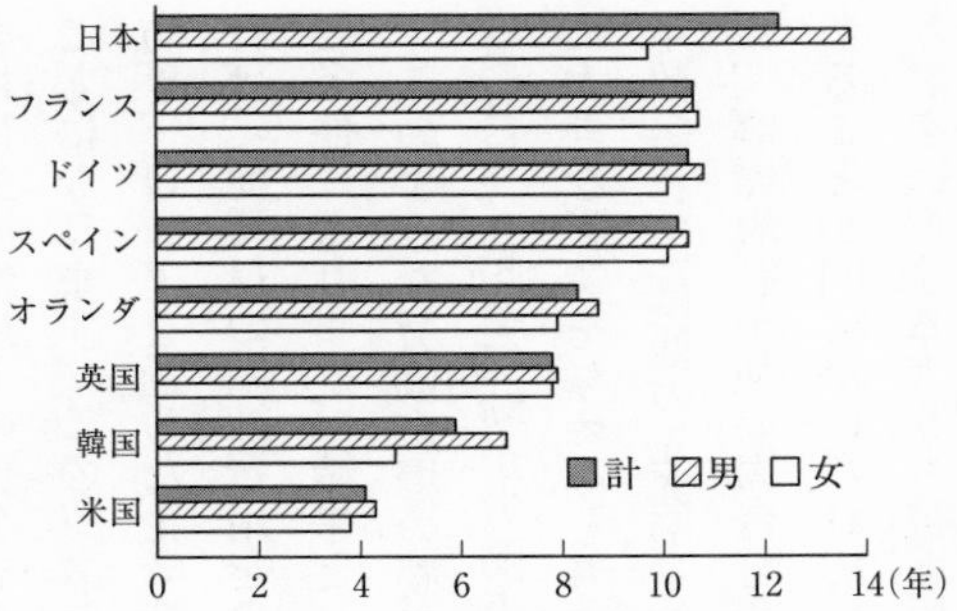

図 5-7　平均勤続年数

注：米国は中央値，その他の国は平均の年数．日本は民営事業所の常用労働者が対象で，短時間労働者は除く．
出所：「賃金構造基本統計調査」(2021 年)厚生労働省，U.S. Bureau of Labor Statistics "Employee Tenure in 2022", OECD Statistics "Employment by job tenure intervals (Dependent employment)"

低いと言えるでしょう。したがって、わざわざ勤務先を離れてまで起業するインセンティブを持ちにくいと考えられます。

労働市場の硬直性は、起業家になる意思決定がしづらいということだけでなく、スタートアップの成長意欲にも影響を与えると考えられます。世界50カ国のデータを用いて、国レベルの解雇の難しさが、起業後初期段階の起業家の成長意欲と負の関係があることを示した研究があります(Autio, 2001)。この研究の著者は、解雇が難しい場合は、起業家は自身の設立する企業において、一度採用すると解雇できないために採用の意思決定の時点で保守的にならざるを得ず、成長意欲が低下するだろうと指摘しています。

近年、働き方などの影響を受けて日本の雇用システムは徐々に変化してきているのは間違いないでしょう。実際、2019年に、日本最大の経済団体である経団連(日本経済団体連合会)が、日本的な雇用システムの維持が難しいことを表明しています。また、すでに本章1節において言及したように、副業のための制度も整えられつつあり、徐々に雇用の流動化が進む環境が構築されてきています。

ただし、「労働力調査」(総務省)によれば、日本における2022年の「転職希望者比率」(転職希望者数/全就業者数)は14・4%で、この20年で5%程度上昇してなお右肩上がりである一方で、「転職者比率」(転職者数/全就業者数)は4・5%で、この間ほとんど変化していません。労働市場の流動化は急に進むものではないでしょうし、急に進むべきものでもないかもしれません。労働市場の流動化は、起業活動に関心のない人に対しても多大な影響を与えます。言うまでもなく、労働市場は起業活動の活性化のためだけにあるわけではありません。今後、社会全体での議論が進むことが求められます。

5 起業の「量」対「質」論争

ここまでは、起業の担い手を増やすための課題を考えてきました。たしかに、本章1節と2節で見てきたように、日本における大きな課題は起業関心層の薄さでしょう。しかし、起業関心層が厚くなったとしても、実際に起業家になる人が出てこないことには経済活性化は実現できません。ここでは、起業関心層が起業を実現するための起業支援における課題として、起業の「量」対「質」の論争について取り上げておきたいと思います。

日本では、起業の絶対数を増やすことを目指す施策がこれまでに数多く講じられてきました。たとえば、2001年に開業創業倍増プログラム（平沼プラン）として、ベンチャー支援環境の整備、地域における産業クラスターの形成促進などが目標として掲げられました。このプログラムでは、創業を5年間で倍増することが目標として位置づけられました。また、2003年には、中小企業挑戦支援法施行によって最低資本金制度が緩和され、2006年の会社法施行によって廃止されました。これによって、それまでは株式会社を設立するのに資本金が1000万円必要だったものが1円でも可能になりました。

その後も、2013年に打ち出された政府の成長戦略（日本再興戦略）では「開業率が廃業率を上回る状態にし、開業率・廃業率が米国・英国レベル（10％台）になることを目指す」という目標が掲げられました。翌年改訂された方針においても、事業創出の担い手および目利き・支援人の育成、個人のベンチャー投資促進、民間企業によるベンチャー投資促進、個人保証制度の見直しなどの多くの起業支援策が盛り込まれました。このように、近年は起業の絶対数を促進するための施策が数多く講じられる傾向が見られます。長年の起業支援にもかかわらず、1節で明らかになったように目標として掲げられていた10%どころか、開業率はほとんど高まっていません。

起業家になる人を増やすために、政府が起業のハードルを下げることは適切な措置なのでしょうか。起業のハードルが下がると、たしかに起業家の数は増えるかもしれません。しかし、3章で取り上げたように、自信過剰な個人が起業家になる傾向があり、その生存確率が低いことが示されてきています。このような起業家を含めて、単に起業の絶対数が増えたとしても、経済活性化につながるとは限りません(Shane, 2009)。

世界各国で行われてきた参入の規制緩和の効果に関して、政府が起業のハードルを下げることによって新しい企業の数が増加するという結果が示されています。たとえば、メキシコを対象とした研究においては、法人登記手続きの簡略化によって登記数が増加したことが報告されており、創業しやすい環境を整備することの重要性が示唆されています(Bruhn, 2011)。

他方で、前記と同様のメキシコの事例を分析した別の研究は、この規制緩和によって法人登記数は増加したものの、その効果は規制緩和直後の一時的なものであったことを指摘しています(Kaplan et al., 2011)。また、ポルトガルを対象にした研究は、法人登記手続きの簡素化や低費用化の施策によって、法人登記数が増加して、新たな雇用が生み出されたことを示しています(Branstetter et al., 2014)。しかし、同研究における重要なポイントは、この施策施行後に新たに誕生した企業は主にローテク産業に属し小規模であり、生存確率は低く、経営者の人的資本の水準が低い傾向があったという結果にあります。つまり、この規制緩和によって、施策前と比較して、回転ドア企業と呼ばれるような質の低い企業が誕生したことを示唆しています。

政府が人為的に起業のハードルを下げることで、効率的でない起業家の参入を促進することになるため、市場における淘汰メカニズムを歪める可能性が高いことも指摘されているのです(Santarelli & Vivarelli, 2002)。起業の絶対数を増やすことを目指す施策については、経済活性化には必ずしもつながらないことを理解する必要があるでしょう。ただし、起業のハードルを下げて起業の絶対数を増やすことには否定的である一方で、ハードルを下げることなしに起業が増えること自体は必ずしも否定されるべきではありません。

質の高い起業家の参入は大いに歓迎すべきです。4章の3節で取り上げたように、創業時の条件(起業家の人的資本や創業資金など)が企業パフォーマンスに影響を与えることが明らかになっています。政府の視点からは、能力の高い個人がいかに起業のインセンティブを持てるような環境(制度、社会)にしていくかが肝要でしょう。具体的には、従業員スピンアウトや大学発スタートアップを含め、人的資本の水準が高い起業家による創業が増えるような仕組みが必要です。前節までに取り上げた起業教育やフォーマルな教育を通した学習や、企業と労働の流動化などによって、結果的に起業の「質を伴った数の増加」につながっていくことが期待されます。

6　「起業家の登場」へ向けて

本章で見てきたように、日本において起業家が登場する社会にしていくためには多くの課題が山積みです。人々が起業に関心を持つようにするためには、起業(家)に対する社会からの理解、つまり起業に関する文化的・社会的な規範が変化していく必要があるでしょう。人々が起業家というキャリアに対して関心を持ち、行動に移すようになるためには、家族や友人といったさまざまな関係者からの理解や励ましが欠かせません。

起業家は、社会全体で育てていくものという意識が必要かもしれません。「起業家の登場」は、政府が号令をかけて取り組めば短期的に解決できる問題ではありません。長い道のりになりますが、大企業(経営者と従業員)や一般の人々の意識の変化や学習の促進を含め、一つ一つ目の前の課題に向き合うことで徐々に道はひらけていくのではないでしょうか。

第6章　「スタートアップの成長」への処方箋

1　スタートアップの成長

前章では、「起業家の登場」に向けた課題について考えてきました。本章では、起業家が登場して新しい企業が設立された後の問題、すなわちスタートアップの成長に向けた課題について取り上げていきます。

スタートアップの成長に向けた課題を論じる前に、日本では高成長スタートアップがどのくらい登場して経済を牽引しているのかといった現状を概観する必要があるでしょう。

世界各国における株式時価総額上位（CompaniesMarketCap.com，２０２３年11月20日閲覧）の顔ぶれを見ると、日本ではトヨタ自動車、ソニー、ＮＴＴといった戦前あるいは戦後間もない時期に誕生した企業が名を連ねています。日本国内のトップ10の中で最も新しく設立されたのは、１９７４年設立のキーエンスとなっています。

米国に目を向けると、上位の顔ぶれはアップルやマイクロソフトといった１９７０年代に生まれた企業に、アルファベット（グーグル）、アマゾン、ＮＶＩＤＩＡといった１９９０年代に誕生した企業が並び、メタ（フェイスブック）やテスラといった２０００年以降に誕生した企業が国内のトップ10に入っています。もちろん、米国でもBerkshire Hathaway（7位）やVisa（10位）といった戦前あるいは戦後間もない時期に誕生した企業も経済を牽引しています。しかし、日本においては既存の大企業が経済を牽引している一方で、一国経済に多大なインパクトを与えるほどの新しい企業が近年あまり登場していないのが現状です。

また、表6-1に示されているように、スタートアップの中でユニコーンとなる企業の数は2021年11月時点において米国では402社に上る一方で、日本のユニコーンの数はわずか

表6-1　国別のユニコーン数とユニコーンになるまでの年数

国	ユニコーン数	ユニコーンまでの年数
米国	402	5.74
中国	147	4.64
インド	36	5.22
英国	26	6.19
ドイツ	20	5.3
イスラエル	17	5.35
フランス	15	6.8
ブラジル	11	6.64
シンガポール	11	6
カナダ	9	5.89
韓国	7	6.43
香港	6	4
オーストラリア	5	6
日本	5	4.8
インドネシア	5	4.6
オランダ	4	8.25
メキシコ	4	7
スウェーデン	3	7.33
スペイン	3	6.33
アイルランド	2	8
デンマーク	2	6
タイ	2	6
オーストリア	2	5.5
スイス	2	5.5
フィリピン	2	4
トルコ	2	4
UAE	2	4
コロンビア	2	3.5
フィンランド	2	3.5
全体	766	5.32

出所：Venâncio et al.,（2023）

5社にとどまっていることがわかります。米国だけでなく、中国、インド、英国、ドイツ、イスラエル、フランスなどの各国の数と比較しても日本のユニコーンの数は見劣りしています。ユニコーンというのは投資家による主観的評価であり、スタートアップの成長を捉える上で必ずしも優れた指標ではないことが指摘されています。しかし、この指標の是非はともかく、各国における高成長スタートアップの登場頻度をおおまかに捉えるためには十分かもしれません。

1章で詳しく論じたように、スタートアップ自身がイノベーションや雇用創出といった経済活性化に直接貢献することが期待される一方で、既存企業に対する外部効果を通して経済活性化が実現することも期待されます。しかし、イノベーティブで成長を実現するような企業が出てこないことには、スタートアップ自身の成長を通した直接効果も外部性を通した間接効果も限定的であり、経済活性化への影響は期待できません。

なぜ日本のスタートアップの多くは、期待されるほどの成長を実現できていないのでしょうか。次節からは、日本におけるスタートアップの成長に向けて、いくつかの重要と思われる課題について取り上げて考察していきます。

2　リスクマネーの供給

拡大しない日本のVC市場

創業後のスタートアップの成長プロセスにおいて重要な役割を果たすのが、ベンチャー・キャピタル（ＶＣ）です。ＶＣは、伝統的な資本市場へのアクセスが限定的なスタートアップの資金調達元として重要な役割を果たします。米国では、今や世界を代表する企業であるアルファベット（グーグル）やメタ（フェイスブック）などは過去にＶＣから多額の資金を得ています。図6-1で示されているように、米国におけるＶＣ投資の規模は、２０２２年は年間約30兆円となっています。他方で、日本はＶＣ市場の発展では米国に大きく遅れを取っており、その投資規模は年間約３０００億円程度にとどまっていて、米国の規模の１００分の1です。

ＶＣは投資先のスタートアップを見つけるだけでなく、投資先に対して直接指導やアドバイスを行う「ハンズオン」と呼ばれる役割を果たします。また、投資先企業を成長させるためのコーチ役を担います。ＶＣはスタートアップのアドバイザーであり、メンターであり、役員を派遣して経営に参画することもあります。さらに、ＶＣの持つネットワークを通して関係者と

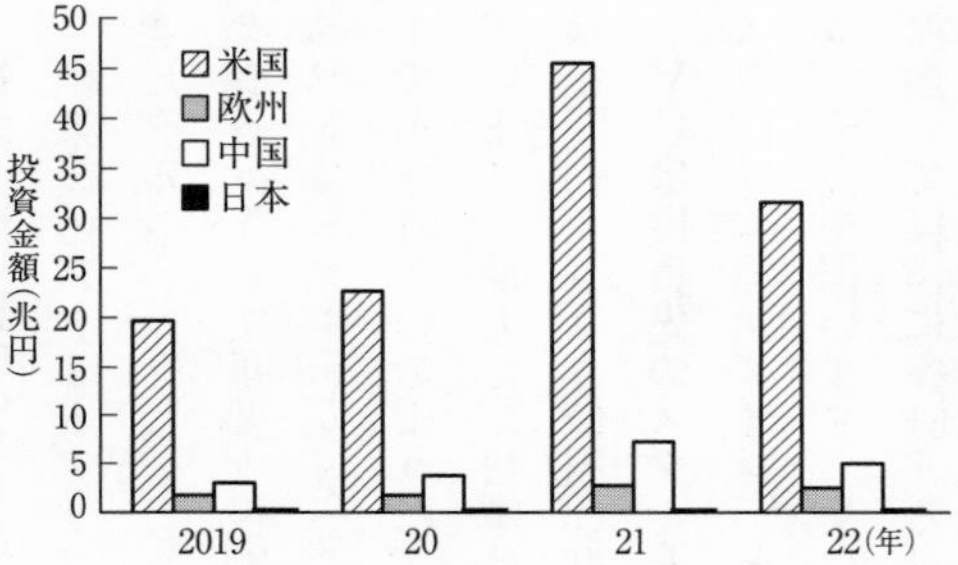

図 6-1　VC 投資規模の国際比較（円換算）
出所：「2022 年 1-12 月ベンチャー投資動向（米国・欧州・中国・日本の 4 地域比較）」ベンチャーエンタープライズセンター

の連携も可能になります。通常は、投資は一度きりではなく、投資先企業のパフォーマンスに応じて何度かに分けて投資を行います。ＶＣが投資した後に、投資先企業が事業の成長において重要ではないと思われる資金の使い方をしていないか監視しながら、段階的に投資することでモラル・ハザード問題を軽減させることができます。したがって、日本におけるＶＣ市場のさらなる発展は、スタートアップの成長にとって不可欠であると言えるでしょう。

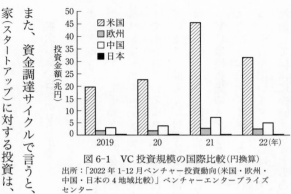

米国では、長期運用を志向するアセットオーナー（エンダウメント、年金基金等）がＶＣに積極投資することで、ＶＣファンドに資金が流入する仕組みを持っています。

また、資金調達サイクルで言うと、シードやアーリーと呼ばれる創業から間もない時期の起業家（スタートアップ）に対する投資は、エンジェル投資家が担う傾向があります。これらの点では、日本では米国のようにＶＣに資金が回る仕組みが十分確立されておらず、エンジェル投資家があまりいないので、シード、アーリーといった段階のスタートアップに資金が十分に回らないのが現状と言えるでしょう。

VC市場といっても、独立系ベンチャー・キャピタル(独立系VC)やコーポレート・ベンチャー・キャピタル(CVC)など、いくつかの投資家タイプがあります。独立系VCは無限責任組合員として、VCファンドと呼ばれる投資事業有限責任組合を組成して、有限責任組合員である事業会社や機関投資家などから資金を集め、未上場企業に対して投資し、最終的には投資資金を回収することを目指します。ここまでのVCの話は、このタイプのVC投資家を念頭に置いていました。日本では、ジャフコやインキュベイトファンドなどがこのタイプにあたります。一方で、CVCは、資金の出し手が事業会社である点が独立系VCと大きく異なる点です。たとえば、ソニーベンチャーズ、NTTドコモ・ベンチャーズなどがCVCの代表例です。投資を受けるスタートアップの観点からは、資金の出し手である事業会社(大企業)から自社の持たない知識や流通チャネルの利用などの補完的資産を獲得することが期待できます。

VCの観点からは、独立系VCは、投資からのリターンの最大化を目的としていて、リスクの高い、創業から間もない段階のハイテク企業を投資対象から外す傾向があることが明らかになっています(Bertoni et al., 2015)。反対に、CVCは、投資からのリターンの最大化というより、新しいアイデアや技術の獲得といった戦略的な目的を持つことが知られています。実際、戦略的な目的で投資を行ったＣＶＣは、投資先からの知識のスピルオーバー(波及)効果を得ることが見込める一方で、単に財務的なリターンの獲得を目指して投資する場合は、あまりうまくいかない可能性があることが指摘されています(Kang et al., 2021)。

また、ＶＣ投資家のタイプによってリスク許容度も異なるかもしれません。独立系ＶＣは、機関投資家などから投資ラウンドごとに資金を集めて、比較的短期的に投資からのリターンを獲得する必要に迫られるため、相対的に見ると大きなリスクは取れません。ＣＶＣは事業会社からの資金をもとに投資をしますので、必ずしも投資からのリターンの獲得を急ぐ必要がなく、リスク許容度は相対的に高いと考えられます。実際、ＣＶＣは、独立系ＶＣと比べると、リスクをある程度負担して投資を行うことが可能であり、リスクの高いイノベーティブで比較的若い企業に対して投資(少数の株式取得)をする傾向があります(Chemmanur et al., 2014)。

1章で明らかにしたように、創業間もない時期の企業は失敗する可能性が高いというリスクはありますが、新規性の高いラディカルなイノベーションを生み出す可能性も高いことがわかっています。既存の大手事業会社によるＣＶＣ投資によって、独立系ＶＣが敬遠する傾向があるリスクの高いイノベーティブな創業間もない企業への投資が増すことは、スタートアップの成長に向けて重要な意味を持つでしょう。

CBインサイツのレポートによれば、米国におけるCVC投資額は２０２１年に９７３億ドル（１８１８件）、２０２２年は落ち込んだとはいえ、５２６億ドル（１６０７件）となっています。一方、INITIALのレポートによれば、日本のCVC投資の規模は２０２１年は３５４億円（１０３件）、２０２２年は３１２億円（１０１件）という状況であり、CVC市場の規模および一件あたりの金額ともに、米国とは比べものにならないほど低水準にあると言わざるを得ません。今後、既存の大企業によるスタートアップに対するCVC投資が大きく進むことが期待されます。これまで日本でCVC投資が進んでこなかった理由と今後の発展に向けた課題ついては後の節で詳しく論じます。

もう一つ、よく議論される日本のVC市場の課題として、海外VCからの投資が少ないという点が挙げられます。たしかに、海外のVCからの投資が増えることに越したことはないでしょう。しかし、VC投資家にとって海外のスタートアップに対して投資を行うことはそう簡単ではないかもしれません。４章で取り上げたように、VCにとっては投資先企業との物理的距離が遠くなるにつれて、コスト（移動コスト、サーチコストなど）が増大することになります。同様に、投資先のスタートアップにとってもVCからの支援が受けづらくなります。実際、海外からのＶＣ単独でのスタートアップへの投資は、投資先企業のパフォーマンスに対する効果が限定的であることが示唆されています（Chemmanur et al., 2016）。ローカルな市場での知識が乏しく、モニタリングのコストも大きいため、海外ＶＣがローカルなＶＣとの間でシンジケートを組んで共同で投資を行う場合に、より大きな効果を発揮することが示されています。

海外からのＶＣ投資を増やすことは、日本のスタートアップの海外進出を助ける意味でも重要かもしれません。スタートアップの中で高成長する企業は、国際的な活動を行っている傾向があることも示されています（Teruel et al., 2022）。政策的な観点からは、先ほど論じた課題はあるものの、海外からのＶＣ投資の促進を通してスタートアップの成長を支援することは有用な施策かもしれません。

ただし、常に頭に入れておきたいのは、海外からの投資を含めＶＣ市場の課題は「鶏が先か卵が先か」という論争に近いものがあるという点です。本当にＶＣ投資が増えないからスタートアップが成長できないのでしょうか。ＶＣ投資が増えないのは、そもそも投資の価値がある魅力的なスタートアップが登場しないことが理由かもしれません。どちらも日本にとっての課題だと思われますが、前者だけでなく後者のような側面があることは認識しておくべきでしょう。

デット・ファイナンス依存の資金調達

日本におけるスタートアップの資金調達に関する課題は、VC市場の規模だけではありません。図6-2に示されているように、日本のスタートアップは、他国と比較して資金調達手段におけるデット・ファイナンス（借入れによる資金調達）の比率が高いことが明らかにされています。しかも、デット・ファイナンスに依存する傾向は、設立後さらに強くなっていくことが見出されています。この傾向は産業など他の要因を考慮しても変わらないことが示されています。このようなデット・ファイナンス依存はなぜ問題なのでしょうか。

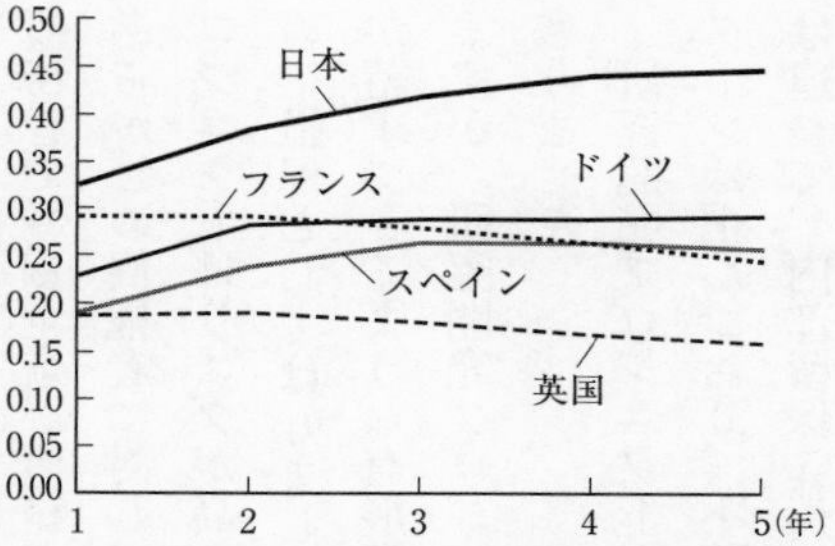

図6-2　各国における設立からの年数とデット・ファイナンス比率の関係

注：デット・ファイナンスは，短期借入金や社債を含む短期金融負債，1年以内に支払われる長期金融負債の一部，および長期負債の合計として定義されている．デット・ファイナンス比率は，資本合計(エクイティ・ファイナンス，デット・ファイナンス，トレード・クレジットの合計)に対するデット・ファイナンスの比率として定義されている．

出所：Honjo (2017)をもとに筆者作成．BvD Orbisをもとに計算されている．

金融機関は、企業に対する融資のリスクを軽減するため担保を求めます。つまり、債務者である企業が債務を履行できなくなったときには債権価値の毀損を最小限に抑えるため、あらかじめ債権者に対して提供を約束するための財産が必要になります。しかし、研究開発プロジェクトはリスクが高いにもかかわらず、投資の大半は企業固有の設備のために使われるため、担保としては好ましくないことが指摘されています(Colombo & Grilli, 2007)。また、貸し手が請求できるような有形資産の担保がなければ、外部からの資金調達は困難であると考えられますが、研究開発プロジェクトが失敗した場合には、一般的に価値のある有形資産はほとんど残りません。

研究開発プロジェクトが成功する確率は一般的に低いと考えられ、ハイテク投資に対するリターンは歪んでおり、不確実性が高いことも知られています。スタートアップは、既存企業とは違って、内部留保(社内で蓄えた利益の積立金)を研究開発プロジェクトの資金に充てることができません。そのため、スタートアップは一般的に財務的な制約が強く、研究開発プロジェクトではデフォルト・リスクが高いため、銀行からの融資が制限される可能性があります。

また、デット・ファイナンスとエクイティ・ファイナンスでは、企業の研究開発活動に対するリスク許容度が異なることが示されています(Brown et al., 2009)。前者は、リスク許容度が低い一方で、後者は高いのです。実際、エクイティ・ファイナンスを行った企業のほうがデット・ファイナンスを行った企業と比べて技術的なイノベーションのパフォーマンスが高いことを示す研究もあります（Zhang et al., 2019）。

これらの点で、デットに依存する場合は、研究開発型スタートアップは必要な資金を調達することが難しいと考えられます。デットへの依存が大きい場合は、リスクの高い研究開発プロジェクトには取り組みにくいと言えるでしょう。高成長が期待される研究開発型スタートアップが登場するためには、デットへの依存が大きい傾向が今後改善されることが必要かもしれません。

創業時にデットに依存した資金調達を行うことは、創業後のパフォーマンスにも多大な影響を与えることが明らかになっています。スタートアップは、創業時に外部からのデットに大きく依存する傾向があることは、多かれ少なかれ万国共通であることは明らかになっています（Robb & Robinson, 2014）。しかし、日本のスタートアップを対象とした筆者らの研究において明らかになったように、創業時にデットに大きく依存した場合は、利払いなどの財務上の負担が増えるため、倒産の確率が高まる傾向があります（Honjo & Kato, 2019）。

以上のように、日本のスタートアップの資金調達に関する課題は、ＶＣ市場の規模が相対的に小さいことに加えて、デット・ファイナンスへの依存が大きいことが挙げられます。

す。

3　成長支援における「企業年齢」

スタートアップに対する公的支援としては、大きく分けると環境整備と直接支援に分かれます。このうち直接支援が行われる場合、どのような企業を対象にするべきかは政策上重要な課題となります。その観点からのスタートアップの成長に向けた課題として、（生産性の低い企業を含め）既存企業に対する手厚い保護が重視される一方で、新しく市場に参入する、創業間もない若いスタートアップに対する支援が疎かにされている可能性について取り上げたいと思います。

4章で明らかになったように、スタートアップは創業後5年以内に急成長を遂げる可能性が高いことが広く知られています。また、本章1節の表6-1で示されているように、スタートアップがユニコーンとなるまでの平均的な創業からの年数は5年程度であることがわかっています。一方で、創業から時間の経過した企業が高成長企業にまで育つ可能性は非常に低いことがわかっています。また、スタートアップは創業間もない企業だからこそ、ルーチンや取引履歴、組織の正統性の欠如といったこと（「新規性の不利益」）が原因で資金調達などの面で多くの課題に直面します。これらの点から、スタートアップを公的に支援する際に、企業年齢(創業からの年数)に着目することがとても重要であると言えるでしょう。

１章で述べたように、通常、企業の中で創業間もない場合のみ「スタートアップ」という区別がなされます。スタートアップを拡大解釈して、成長の可能性が低いだけでなく、新規性の不利益に直面しない「古い(創業から長い年数が経過した)中小企業」まで含めて公的支援の対象にしてしまうことの正当性を見出すことは難しいと言えるでしょう。

実際、これまでの政府によるスタートアップ支援(以前はベンチャー支援)においても、創業から比較的年数の経過した中小企業が対象となる傾向が強かったことがわかっています。たとえば、日本版ＳＢＩＲプログラム(中小企業技術革新制度)の例を取り上げたいと思います。米国で１９８２年に始まったＳＢＩＲ制度にならい、日本では１９９９年から、政府が研究開発型中小企業に対する支出額を毎年定め、経済産業省を含む７つの省庁が参加して各省が既存の補助金プログラムを指定し、受賞企業を支援する仕組みです。

しかし、日本版ＳＢＩＲは米国のプログラムと違ってうまくいかなかったことが指摘されています(Inoue & Yamaguchi, 2017)。米国のＳＢＩＲプログラムにおいては、採択企業は非採択企業よりも成長が速く、採択後にＶＣからの投資を受けやすくなったことが示されています

（Lerner, 1999）。

米国では、フェーズ1（概念実証段階）からフェーズ3（商業化段階）まで複数のフェーズで採択が行われ、フェーズが進むにつれてプロジェクト数が絞られていく仕組みで、フェーズ1に多く投資する傾向があります。一方で、日本のSBIRプログラムでは、フェーズをあまり重視しておらず、フェーズ2（開発段階）に重点を置いていました。また、米国では11の省庁がある程度均等に分散してSBIRに参加していますが（最大のシェアを持つ省庁でも40％程度）、日本では支出の86％を占める経済産業省が支配的な役割を担ってきました。もう一つ指摘されている日米のSBIR制度の違いは、外部資金を求める際の支援に関連しています。米国のSBIRは、採択企業が民間投資や政府調達プロセスにアクセスするのを支援していますが、日本の省庁は採択企業を独自の予算で支援するに過ぎません。

これらの問題に加えて、日本版SBIRの問題点として見過ごされているのが支援対象となる採択企業の年齢です。「SBIR制度は、スタートアップ等による研究開発を促進し、その成果を円滑に社会実装し、それによって我が国のイノベーション創出を促進するための制度」と謳われていますが、現実には対象企業の多くが創業から長い年数の経過した中小企業となっています。

米国のSBIRプログラムでは、採択企業の大半はスタートアップを含めて「若い企業」でした。実際、米国のSBIRプログラムの効果について検証した研究に用いられたサンプル企業の平均年齢は9・5年、中央値は6年となっています(Howell, 2017)。また、より重要なことに、フェーズ2の採択企業より、フェーズ1の採択企業のほうが支援の効果が大きかったことが明らかにされています。

日本のSBIRプログラムでは、採択企業に占めるスタートアップを含めた若い企業の割合は低い傾向があります。たとえば、表6-2(a)に示されているように、SBIRプログラム中の「商業・サービス競争力強化連携支援事業」(経済産業省)では、採択企業に占める若い企業(ここではスタートアップを含め設立後10年未満)の割合は30%程度と低く、設立からの平均年数も対象期間(2015年から2021年)の大半で採択時に20年を超えています。また、6-2(b)のように、「戦略的基盤技術高度化支援事業」(経済産業省)では、採択企業の設立からの平均年数は対象期間で26年から46年の範囲にあることがわかります。

繰り返し強調してきたように、創業間もない時期の企業は資金調達を中心にさまざまな困難に直面する傾向が強くなります。特に、研究開発型スタートアップは、他のスタートアップに比べてその性質上失敗するリスクが高くなります。そのため、創業後の早い段階で公的に支援

表 6-2　日本版 SBIR プログラムにおける採択企業の年齢(採択時)

(a)商業・サービス競争力強化連携支援事業

年	採択企業数		企業年齢	
	支援企業数	うち若い企業	平均値	中央値
2015	36	11(30.6%)	26.2	17
2016	32	11(36.0%)	22.5	18.5
2017	25	9(36.0%)	16	14
2018	37	12(32.4%)	26.5	15
2019	34	9(26.5%)	26.9	17
2020	39	11(28.2%)	26.1	18
2021	13	4(30.8%)	31.6	30

(b)戦略的基盤技術高度化支援事業

年	採択企業数		企業年齢	
	支援企業数	うち若い企業	平均値	中央値
2015	38	10(26.3%)	26.8	19
2016	37	8(21.6%)	28.3	20
2017	31	4(12.9%)	27.5	27
2018	31	4(12.9%)	32.5	28
2019	26	4(15.4%)	32.2	26.5
2020	105	17(16.2%)	40.4	39.5
2021	65	5 (7.7%)	46.5	47

注：この表における「若い企業」は設立から 10 年以内の企業をさしている.
出所：Kato & Coad (2024)をもとに筆者作成.

を受ける必要性が高いと言えるでしょう。情報の非対称性の大きな創業間もない時期には、政府による「お墨付き」は、ＶＣをはじめ投資家、取引先、あるいは連携先といった第三者に対する重要なクオリティ・シグナルとなり、資金調達や取引先開拓などにつながりやすくなります。特に、他の企業に対する波及効果が大きいと考えられる研究開発型スタートアップへの支援において「企業年齢」を考慮することが求められます。

最後に、なぜスタートアップ支援に携わる政策担当者は創業後初期のスタートアップではなく、ある程度成長を達成した段階の企業を支援したがるのかについて一言見解を付け加えておきます。おそらく、この問いに対する一つの答えは、政策担当者にはリスク回避的な判断が働きやすいということでしょう。前章の新陳代謝に関する説明においても触れたように、政策担当者は自ら関与した施策の効果に関して評価される立場にあります。彼らは支援対象企業が、事業に失敗することを避けたいとの思いが働くのでしょう。

創業後初期のスタートアップは生存確率が低いため、支援対象企業として選抜した後に倒産などで退出する可能性が高いと言えます。リスクの高くない、創業から比較的年数の経過した企業に対する支援に傾倒してしまうのは、今後の出世への影響を鑑みれば、役人としては合理的な判断と言えるかもしれません。ＶＣのように、多くのスタートアップに投資する際にポートフォリオを組んでリスクを分散させることが役人にはできません。また、一般論として、ＶＣのキャピタリストとは違い、政策担当者には成長可能性の高いスタートアップを選定するための「目利き力」が備わっているとは考えられません。

スタートアップの中でも企業年齢が低い企業に対する支援が効果的である点は、政府による支援においてだけに当てはまる話ではありません。日本のアクセラレーター（38社）が開催したプログラムに参加したスタートアップ８１３社を対象にした研究によれば、アクセラレーターの支援が有効に働くのは、初期のスタートアップを対象にした場合であることが示されています（内田ほか，2022）。この研究では、アクセラレーターの経験に基づく能力が高いときにとりわけ効果が大きいことも明らかにされています。この点においては、スタートアップに対する支援の有効性は「企業年齢」に依存する可能性が高いと言ってよいでしょう。

ただし、注意していただきたいのは、初期のスタートアップに対しては無条件で支援をすべきということを主張するものではないということです。すでに1章や4章でも取り上げたように、スタートアップの多くは創業間もない時期に退出します。高成長を実現できるのはスタートアップの中でも一握りに過ぎません。そのため、成長ポテンシャルのある企業に対して資源を回すことが必要と言えるでしょう。

しかし、大きな課題があります。スタートアップに対する直接支援として、さまざまな補助金や助成金が用意されています。多くのスタートアップはこれらを申請することになりますが、政府は応募企業の中から支援対象を選ばなければなりません。支援対象の企業の選抜においては、政府の「目利き力」あるいは制度設計の工夫が求められます。

実際には、生産性の高い起業家ではなく、生産性の低い「補助金起業家」と呼ばれる補助金を受け取ることに対しては努力を惜しまない起業家が申請、受給する傾向があります（Gustafsson et al., 2020)。生産性の高い起業家(つまり機会費用が高い人々)は申請にかかる時間や労力が惜しいため、本来選ばれるべきではない起業家が選抜されていることを示唆しています。高成長を志向する企業に資源を配分するための手段として、たとえばオランダにおける Growth Accelerator Programme のように、参加者に対して一定の拠出金を求めることで、成長を望む起業家のみが応募のインセンティブを持てるような自己選択メカニズムが働く設計にすることが考えられます(Coad et al., 2022)。一定金額を払いたくない(払えない)成長意欲を持たない企業は、排除されることが期待できます。また、スタートアップに対する直接支援が効果を発揮するためには、支援対象企業の選抜においては、(企業年齢を設定することに加えて)何らかの政治的な「忖度」が働くことなく、いかにフェアな審査が行われるかという点も見過ごせない点でしょう(Colombo et al., 2013)。

4　大企業の役割

スタートアップの成長を促進する上で、既存の大企業の役割も無視できません。1章で取り上げたように、新しい企業が登場することで市場における競争促進を通して、既存企業のイノベーションへの努力を引き出すことになります。また、スタートアップと既存企業との間には何らかの補完性が存在する可能性があります。大企業にとってスタートアップはライバル企業になりうる存在であり、新規参入者を常に歓迎するわけではありません。しかし、同じ業界の新規参入者であった場合でも、スタートアップをライバル企業としてではなく、パートナー企業として協力関係を築くことが重要な戦略になってくるはずです。これらの点では、スタートアップと大企業を切り離して考えることはできません。

スタートアップの観点からは、資源や経験が乏しく、自社の力だけで成長することはできません。外部の組織、特に、既存の大企業との分業体制が欠かせません。スタートアップのイノベーション活動において、いかに大企業との協力関係を構築するかが成長に向けての鍵となります。大企業の観点からも、外部の知識へアクセスすることは大変重要です。それにより自社が持たない補完的資産を獲得することができます。大企業であっても、単独でイノベーションを実現することは難しいのです。

日本では、近年多くの大企業が新規性の高いイノベーション創出に苦労していると言われています。実際、図6-3(a)に示されているように、他国と比べて日本企業は、新規性が高いアイデアの創出を意味するラディカル・イノベーション(急進的イノベーション)よりも、これま

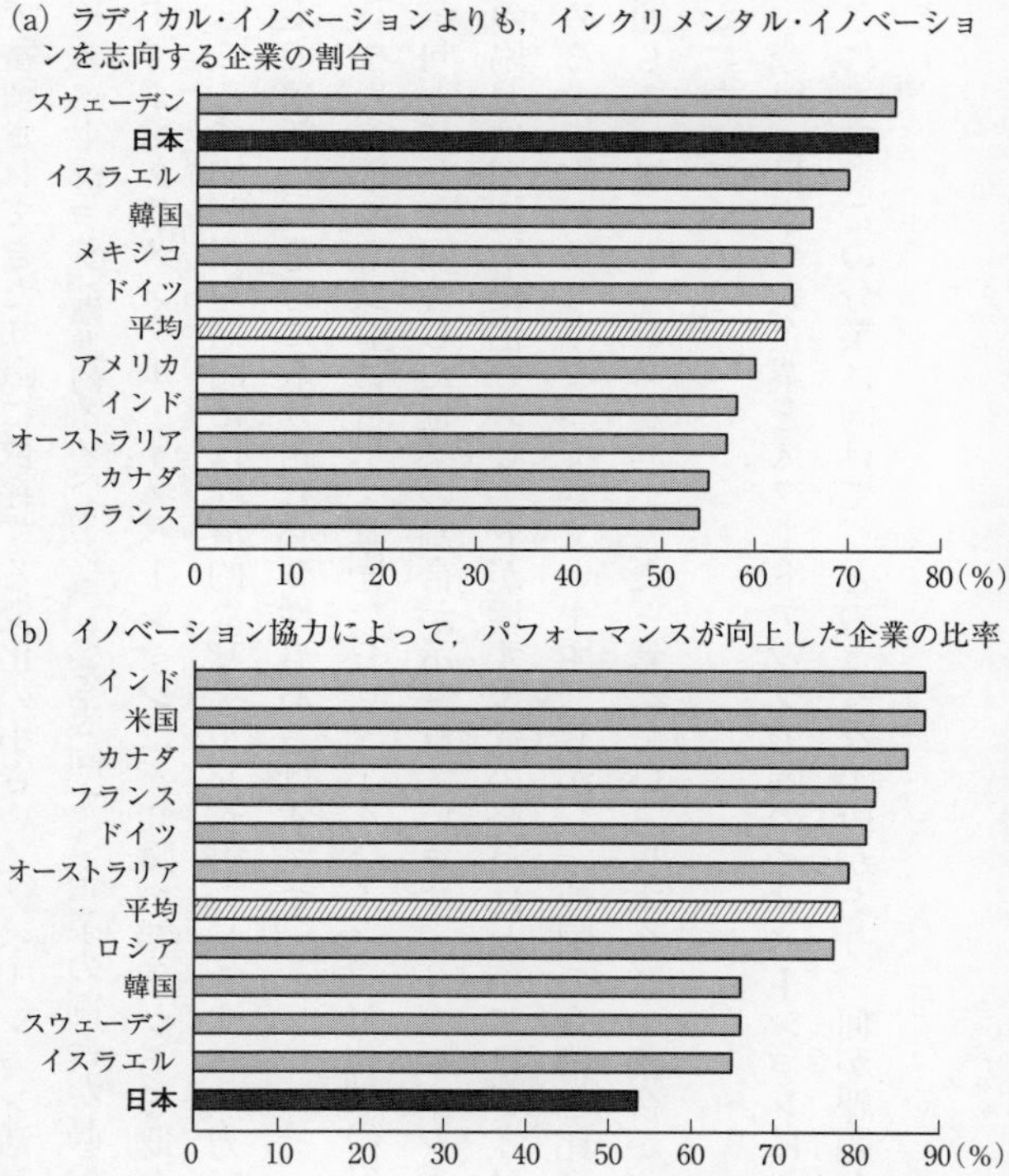

図 6-3　企業のイノベーションの志向と協力活動に関する調査結果

注：(a)は，「ラディカル・イノベーションとインクリメンタル・イノベーションのどちらが適しているか」について質問した結果である．(b)は，イノベーション活動の協力によって生み出された収入と利益が，この1年で増加していると回答した企業の比率．いずれも企業経営者 2748 人が回答．

出所：GE Global Innovation Barometer 2016

で蓄積されてきた知識に依存する変化の小さいイノベーション活動であるインクリメンタル・イノベーション(漸進的イノベーション)を志向する企業の割合が高いことが明らかにされています。インクリメンタル・イノベーションは、知識の蓄積がある既存企業にとっては得意とするところですが、短期的には経済的なリターンが得られやすい一方で、持続的な成長を実現する上では新しい分野に取り組む必要性もあるはずです。

また、図6-3(b)には、各国におけるイノベーション活動の協力によってパフォーマンスが向上したと回答した企業の割合が示されています。イノベーション活動における外部組織との協力は、技術変化のスピードが増す現代の経済においては、イノベーション創出の確率を高める上で欠かせなくなってきています。しかし、他国の企業と比べて、イノベーション協力を通してパフォーマンスが向上したと考えている日本企業の割合が、群を抜いて低いことが明らかになっています。

今後、日本の大企業とスタートアップの間のイノベーションにおける分業が進むことが期待されます。この分業に向けて、どのような手段があり、何が課題なのかについて概観していきます。

オープン・イノベーションの促進とそれに向けた課題

1章で示したように、企業年齢が高くなるにつれて、企業は新規性の高いイノベーションの創出に取り組めなくなる傾向があります。逆に、資源や経験が蓄積されることで効率的にイノベーションを創出できるようになります。

スタートアップは新規性の高いアイデアを生み出すことは得意である一方で、既存の大企業が持つようなブランド力、流通チャネル、あるいは生産能力などの資源は持っていません。大企業は、研究開発を行ってもそれが経済的あるいは商業的価値に結びつかないという「知識フィルター」の問題を抱えていることが広く認識されています。そこで、既存の大企業とスタートアップの双方が協力することによって、自身に欠けている「補完的資産」を獲得することにつながると考えられます。

今日、多くの技術は科学をベースに高度化あるいは複雑化していることに加え、製品サイクルが短縮化する傾向にあり、技術の覇権をめぐるグローバルな競争が活発化しています。このような環境においては、企業が自社だけでタイムリーにイノベーションを創出することは困難となってきています。そこで重要な役割を果たすのが、大企業とスタートアップの間におけるオープン・イノベーションによる分業です。あらゆる企業にとって、効率的にイノベーションを達成するためには、他の企業や大学などからの外部の知識フローをうまく活用して、知識の吸収に励む必要があります。他の組織とのパートナーシップは、効率的にイノベーションを創出することを通して競争優位を構築し、研究開発におけるコストやリスクの分散にもつながります。

本章2節で取り上げたように、スタートアップに対するCVC投資は大企業がスタートアップと協力関係を持つための一つの手段と言えるでしょう。しかし、その手段はCVC投資だけではありません。共同研究開発、ライセンス取引などの形でアライアンスを締結することもあるでしょう。究極的には、大企業がスタートアップを買収(統合)することもあります。

スタートアップがイノベーションを効率的に実現し、大企業とのイノベーションにおける分業を実現することは経済活性化において重要です。大企業とスタートアップのオープン・イノベーションが進展することに加えて、そこからお互いに価値を生み出すようにするためには、どのような課題があるのでしょうか。

今日、大企業とスタートアップの協力関係が促進されることの重要性は認識されてきています。しかし、既存の企業においてはオープン・イノベーションが思うように進まない現状もあるようです。たとえば、組織内部からの抵抗が起こる場合があります。企業で働く従業員は、組織の外で生み出された知識に馴染みがないだけではなく、自社あるいはグループ内にすでにある信念やルーチンを変えることに抵抗感を持つ傾向があります。結果として、彼らは外部で開発された知識やアイデアの利用に対して消極的な態度を取りがちです。このような「自前主義」は、ＮＩＨ症候群（Not invented here syndrome）と呼ばれ、イノベーションを生み出す上で大きな足枷《あしかせ》になることが多くの研究によって示唆されてきました（Katz & Allen, 1982）。

実際、日本と欧米の大企業を対象にオープン・イノベーションの実施状況を調査した研究があり、実施したことがある欧米企業の割合が78％あったのに対して、日本企業は47％であったことが示されています（米山ほか、2017）。また、興味深いことに、オープン・イノベーションを実施したことがあるが、過去2年間に実施を取りやめた企業の割合は、欧米で2・5％である一方で、日本では8・5％であったことも見出されています。さらに、オープン・イノベーションを取りやめた理由として、欧米企業で最も多かった回答が「必要とされる組織体制の不備」であったのに対し、日本企業は「実施するための経営能力や人材が不足している」ことが挙げられています。

オープン・イノベーションを促進する上で、組織内部の能力や人材がなぜ重要なのかについて詳しく考えていきます。

不可欠な大企業側の「吸収能力」の向上

大企業とスタートアップの間のオープン・イノベーションを進める上で決定的な役割を果たすのが、組織内部に蓄積される「吸収能力」と呼ばれるものです。吸収能力とは、企業が外部の知識の価値を認識して、それを吸収および習得し、商業化のために活用する能力をさします（Cohen & Levinthal, 1990）。企業が新しい知識を吸収して適切に活用するには、あらかじめ何らかの専門知識を持っている必要があるという考えが背景にはあります。これは、過去の知識が新たな知識を記憶したり、思い出したり、利用する能力を増進させることを示唆する認知科学分野の研究に由来する議論です。われわれ人間でもそうであるように、何かの専門的な知識を活用しようにも、何も知識を持ち合わせていない段階では生かすどころか、その価値を認識することすらできません。

実際、事業会社側が十分な吸収能力を持っていないと、スタートアップに対してＣＶＣ投資をしても、そこから期待したイノベーション成果を得られないことが明らかにされています（Dushnitsky & Lenox, 2005）。政策的な観点からも、ＣＶＣ投資を単に増やすことを目指す施策を講じたとしても、効果は期待できません。

企業の吸収能力は、組織内にいる個人が持つ専門知識に依存します。外部の知識やノウハウを吸収できるかどうかは、技術のゲートキーパーと呼ばれる技術専門職、科学者、あるいはエンジニアなどの組織内の秀でた従業員に強く依存することになります(Rothwell, 1992)。実際に、イタリアの中小企業を対象にした実証研究によれば、過去に研究開発活動に従事したことのある従業員の比率や大学の学位を有する従業員の比率などで測定される人的資本の水準が高い企業ほど吸収能力が高く、他企業や大学などの外部組織とのパートナーシップを形成する可能性が高いことが示されています(Muscio, 2007)。組織内部の従業員(特に研究開発従事者)が経験などをもとに十分な専門知識を有している企業は、組織レベルの吸収能力が高く、組織の外にある情報をうまく察知・発見して知識として吸収することができると言えるでしょう。

また、人的資本の水準として捉えられる吸収能力の高い企業は、外部から吸収した知識を社内でうまく活用することができ、新たな知識を創出して価値創出につなげることができます(Lund Vinding, 2006)。

図6-4(a)に示されているのは、各国における企業の研究者に占める博士号取得者の割合です。この図を見ると、オーストリアは約16%で最も高く、フランスや米国においても10%を超えていることがわかります。アジア諸国に目を向けても、シンガポールでは約9%、韓国や

(a) 企業の研究者に占める博士号取得者の割合(2017年)

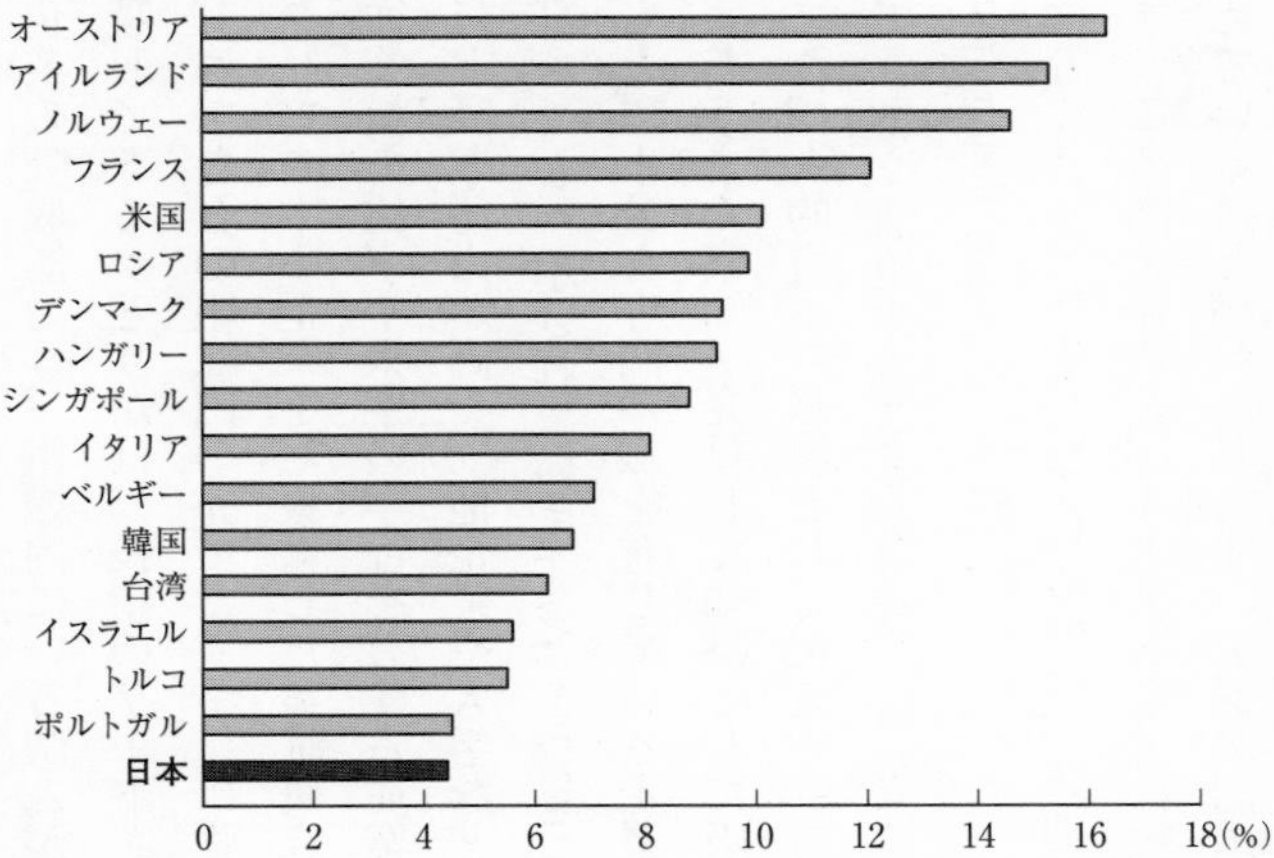

(b) 日米企業(時価総額上位100社)のCEO(代表取締役社長)の最終学歴
(2020年12月末時点)

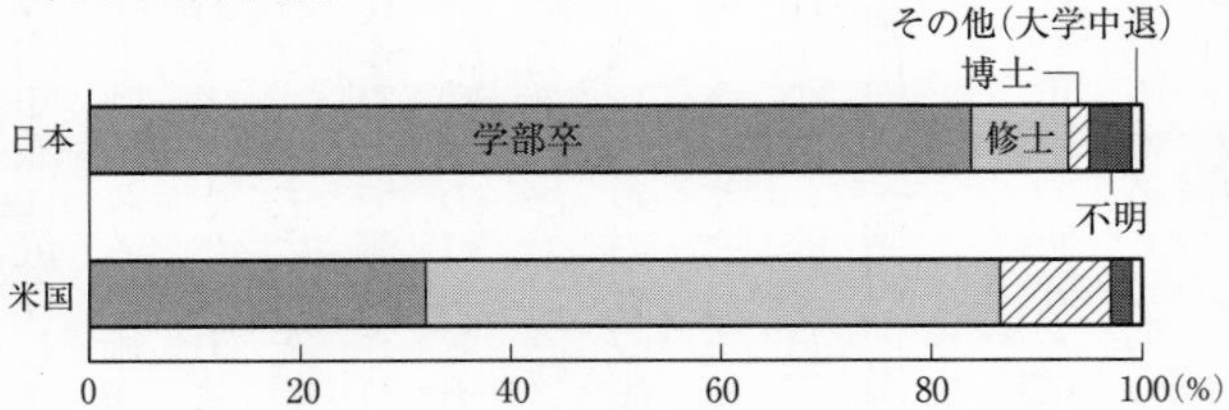

図6-4 企業における人的資本の水準の国際比較

注：(a)は，日本については総務省「平成29年 科学技術研究調査」，米国については NSF SESTAT，その他の国については OECD Science, Technology and R&D Statistics をもとに文部科学省作成.

出所：「博士人材のキャリアパスに関する参考資料」(第92回科学技術・学術審議会人材委員会資料)文部科学省

台湾においてともに6％以上の研究者が博士号を持っていることが観察されます。一方で、日本企業においては、4％を超えた程度であり、他国企業の研究者と比べて、博士号取得者の割合が非常に低いことが見て取れます。

また、図6-4(b)には、日米の大企業(時価総額上位100社)のCEO(代表取締役社長)の最終学歴の分布が示されています。日本企業では84％が大学の学部卒で、大学院修了者のうち修士号取得者が9％、博士号取得者は2％にとどまっています。一方で、米国企業のCEOは、大学の学部卒が32％にとどまっているのに対して、大学院の修士号取得者は全体の55％、博士号取得者は10％にも上っていることが示されています。

これらの結果は、日本企業がオープン・イノベーションを行う際に重要な役割を果たす吸収能力が欠如している可能性を示唆しています。特に、ハイテク分野においては、イノベーション創出には高度で最先端の知識を活用することが必要になるでしょう。大企業の視点で考えれば、研究開発を担う研究者の水準が低く組織の吸収能力が欠如していれば、オープン・イノベーションから十分な成果を上げられないという前に、そもそもどのようなスタートアップとのオープン・イノベーションに取り組むべきかというパートナー探しの段階で躓《つまず》くことになるでしょう。

経営者の能力に関しても同様です。アッパー・エシュロン理論によれば、上層部を意味する「アッパー・エシュロン」が組織のパフォーマンスにおいて重要な役割を果たします。実際、日本企業がオープン・イノベーションを進めていくためには、経営上の戦略的方向性を決定する上層部による、「オープン・イノベーションの重要性」やそれに必要な「高度な能力を有する人材確保の必要性」に関する理解が必要になるでしょう。この意味では、企業の吸収能力を高めるには、上層部の人的資本の水準を向上させることも必要かもしれません。

組織の吸収能力は人的資本の問題だけではありません。企業内で研究開発活動を通して吸収能力を向上させることができます(Cohen & Levinthal, 1989)。企業内で研究開発を実行することで、組織メンバーが学習を通して知識を蓄えることができ、組織全体としての吸収能力が高まると考えられます。研究開発に積極的に取り組むことで、企業は外部の研究開発機会に敏感になり、潜在的なパートナーや吸収すべき技術に関する知識(情報)を持てるようになるでしょう。

日本の大企業は、スタートアップから新しいアイデアを吸収しようとするならば、自らの吸収能力を向上させることが先決と言えるでしょう。吸収能力向上の努力なくしてオープン・イノベーションは進みません。大企業とスタートアップの間のパートナーシップを通したイノベーションにおける分業は、スタートアップ側というより、大企業側の課題が大きいと言えるかもしれません。

大企業とスタートアップのオープン・イノベーションが進めば、スタートアップの成長にとっては追い風となるでしょう。

5 「競争」という視点

ここでは、今後のスタートアップに対する公的支援に向けて、「競争」という視点を持つことの重要性について言及しておきたいと思います。

2022年に岸田内閣は「スタートアップ育成5か年計画」を発表し、ユニコーンを100社創出し、スタートアップを10万社創出することを目標に掲げました。しかし、一つの疑問が生じます。ひとまず数値目標の是非は置いておくとして、そもそもスタートアップ(ましてやユニコーン)は「育成」できるものなのでしょうか。

まず、高成長スタートアップの登場は、イノベーションや雇用創出に大きく貢献し、国の経済成長に寄与することは疑いの余地がありません。しかし、各国におけるユニコーンの数は、スタートアップの全体像(平均的な状況)を表すには必ずしも適切な指標ではないかもしれません。

そのため、ユニコーンという「異常値」の創出を政策目標に掲げることについては、研究者からは否定的な見解が示されています(Kuckertz et al., 2023)。

近年、政府は、スタートアップ支援の正当性を説明する際に、GAFAのようなスーパースターの登場が経済成長において重要であることを強調しています。高い経済成長を実現するためには、GAFAのような高成長企業が登場することに越したことはないかもしれませんが、作ろうと思って作り出せるものでもないでしょう。GAFAの成長も米国政府によって作り出されたものではないはずです。ユニコーンの創出と言うと響きは良いかもしれませんが、育成するのは容易なことではありません。スタートアップの中の異常値であるユニコーンが自然発生的あるいは自助努力によって登場することは歓迎されますが、スタートアップ支援は、ユニコーンの数を競うゲームではありません。

また、スタートアップに対する評価は上場企業とは異なり、客観的な価値ではなく、主観的で投資家が支払うことを望んだ価格を示しているため操作がしやすいと考えられます。また、あくまで投資家からの評価であり、イノベーションや売上あるいは雇用成長のような価値創出ではありません。売上がほとんどない状態であっても高い評価を得る場合もありうるでしょう。政府による支援は、経済的・社会的利益を創出することに力点を置く必要があるでしょう。そのため、投資家からの主観的評価に基づいた指標を政策目標に置いて用いることは避けたほうがよいかもしれません。

日本のスタートアップ支援を含めた産業政策においては、企業に対する「保護」という意味合いが強く、「競争」の観点が欠けている傾向があります。創業から間もないスタートアップが多くの困難に直面することは紛れもない事実であり、市場に任せているだけではうまくいかないことは否定できません。他方で、非効率的な企業が淘汰されず生存し続けることで、そこに固定化された人材、資金、技術といった資源が有効に活用されない事態が懸念されます。

企業の成長支援においては、政府はとにかく何かをやることを第一に考えるのではなく、「何をすべきでないのか」をしっかり検討する必要があるでしょう。「市場に任せて何もしない」ことも含めて、企業自身による成長に向けての自助努力のインセンティブを削ぐような過度な支援は避けなければなりません(Bradley et al., 2021)。たとえば、スタートアップがさらなる支援を受けるには、一定期間で何らかのマイルストーンを達成した場合に限るといった形で、段階的に支援して企業による努力を引き出す仕組みが必要かもしれません。

政府がイノベーション創出において重要な役割を果たす「起業家としての国家」という考え方は、各国の政策担当者から大きな注目を浴びてきました(Mazzucato, 2011)。他方で、近年、多くの研究者から、「大きな政府」に対する疑問が呈されています(Wennberg & Sandström, 2022)。スタートアップだけでなく、それを取り巻くステークホルダーによる政府への「依存の文化」が蔓延することも避けなければなりません。「優しさでスタートアップを殺す」ことになりかねません(Brown & Mawson, 2016)。

政府による介入は直接関与するハンズ・オン・アプローチよりも、間接的な形で民間のスタートアップの取り組みに有利な環境を作り出す「環境整備」の施策のほうが望ましいことも指摘されています(Grilli & Murtinu, 2014)。

日本の産業史を振り返ると、いくつかの事例から重要な示唆が得られます。まず、戦後の二輪車産業の発展のプロセスについて振り返ります。日本の二輪車産業は、戦後すぐ年間約200台の生産から始まりましたが、その後急成長を遂げ、1960年には年間約200万台を生産する世界的な産業にまで発展しました。1950年代前半までに200社を超えるメーカーが参入して二輪車生産でしのぎを削ったことが知られています。1950年代の半ばからは多くのメーカーの退出が起こり、寡占化が進みました。二輪車産業で最終的に生き残ったのは、ホンダ、カワサキ、スズキ、ヤマハの4社だけでした。

この産業の発展プロセスからは、今後のスタートアップ支援を考える上で重要な示唆が多く含まれています。まず、この産業に参入した企業の中には、低品質の製品を生産する企業や生産能力の低い企業が存在していた一方で、持続的な品質向上を実現できる企業だけが生き残ることができたことが明らかにされています（山村、2006）。また、二輪車産業からの退出方法も多様でした。多くの事業失敗による倒産・廃業があった一方で、M＆Aによって退出した企業も多くありました。たとえば、後発のカワサキとヤマハは、先行する二輪車メーカーを買収することで生産能力を拡大し、成長を遂げたことが明らかにされています（Nagaoka & Kato, 2008）。

戦後の日本の二輪車産業の発展プロセスにおいては、競争を通した企業による持続的なイノベーション投資が重要な役割を果たしたと考えられます。また、産業の競争プロセスにおいては、技術や市場の環境変化に適応できた企業のみが生存し、成長を実現したことが確認できます。さらに、他社を買収することが、市場における競争力をつけるために重要な手段となりうることも示唆されています。

もう一つは、1章で取り上げた日本の石油製品市場における輸入自由化を通した参入規制の撤廃に関する事例です。すでに紹介したように、この市場では輸入自由化によってガソリン価格が大きく下落したことが明らかになっています。輸入自由化によって参入脅威が高まることで、既存企業による合併や事業所の統廃合などの組織再編を促し、企業の生産性が大幅に高まり、利潤率が上昇したことが明らかになっています（加藤・長岡、2012）。また、輸入自由化後、大企業は相対的に小さく生産性の高い企業と合併することによって競争に勝ち残ろうとしたことが見出されています。このように、参入が実際に起こるかどうかにかかわらず、潜在的参入者からの「脅威」が既存企業に競争的な行動を促し、市場の効率性が高まることが示されています。

これらの2つの産業史からは、産業発展における競争が、企業のイノベーション創出や生産性向上へのインセンティブを引き出したと言えるでしょう。

戦後日本の産業政策においては、国内産業に対する保護が国際競争力を低下させたことを示唆する研究があります。日本企業の競争力の源泉についての研究でも有名なハーバード大学教授のマイケル・ポーターと、カリフォルニア大学ロサンゼルス校教授の榊原磨理子の研究によれば、合法カルテルなどを通して手厚い保護政策を受けてきた産業では競争力を失い、競争にさらされてきた産業では高い国際競争力を獲得したことが明らかにされています（Sakakibara & Porter, 2001; Porter & Sakakibara, 2004）。高成長企業を生み出すためには、国内産業の保護や育成という観点ではなく、競争という視点を持つことが必要であることが強く示唆されています。

6　スタートアップの成長に向けたその他の論点

「出口」の多様化

これまでの各国のスタートアップ支援では、「入口」ばかりに目が向きがちでした。ここまで4章や5章で取り上げてきたように、人々の起業へのインセンティブを高めるためには、「出口」にも目を向ける必要があります。

日本では事業の継続こそが最優先であるという考えが根強く残っていますが、4章で取り上げたように起業家にとって事業を継続することだけが成功ではありません。一般的には、創業者利益に結びつく合併や買収（M&A）を通した事業の売却あるいは新規株式公開（IPO）は、起業家にとって最良の出口戦略であると考えられています。したがって、たとえ成長しても、M&AやIPOといった出口が選択肢として持てないと予想されれば、成長志向の強い個人の起業のインセンティブは低下することになるでしょう。特に、高い能力を持つ起業家は他の優れた就業機会を多く持つ傾向があるため、将来的な成長が見込めないと判断すれば事業を続けることの機会費用が高く、次第に自主的な退出を選択するかもしれません。また、事業売却を通したキャピタル・ゲインを目指す投資家にとっても、日本のスタートアップが投資対象として魅力的でなくなるかもしれません。

米国と比較して日本においては、スタートアップが事業売却によって退出する機会が依然として限定的です。２０２１年版『ベンチャー白書』(ベンチャーエンタープライズセンター)によれば、米国ではＭ＆ＡがＩＰＯの約9倍、欧州では同様に約2倍である一方で、日本ではＭ＆Ａによる退出はＩＰＯの約3分の1となっています。日本のスタートアップの退出戦略として、ＩＰＯ以外に起業家や投資家が資金を回収できる機会を増やす必要がありそうです。ＩＰＯを行うには手続きに時間がかかることから、短期間で資金の回収が可能なＭ＆Ａ市場の発展は欠かせないでしょう。

ただし、スタートアップのＭ＆Ａを通した退出が単に増えればよいというわけではありません。高成長を実現したスタートアップが、Ｍ＆Ａを通して退出を実現できているかどうかが重要でしょう。4章で取り上げたように、パフォーマンスの良くない企業がＭ＆Ａを通して退出することがあります。いわゆる「救済合併」などのケースをさします。日本では、伝統的に関係会社によって救済することを目的にＭ＆Ａが実施されることがあります(Kubo & Saito, 2012)。実際、筆者らの研究によれば、日本のスタートアップのうち、必ずしも高成長を実現した企業がM&Aを通した退出を実現しているわけではないことが明らかになっています（Coad & Kato, 2021）。M&Aを通した退出の数ではなく、高成長スタートアップによるM&Aを通した退出が増えるかどうかが肝要でしょう。

地域のスタートアップ・エコシステム推進の課題

次に、国と地域がそれぞれ独自に展開しているスタートアップ支援の調整と連携に関する課題を挙げておきたいと思います。スタートアップに対する公的支援は、経済産業省、内閣府などの国の行政機関だけでなく、地方自治体によって日本国内の各地域においても繰り広げられています。しかし、果たして国と地域の施策は相互に補完的となっていて、うまく連携が行われているのでしょうか。

まず、国や地域が講じる施策の多くで重複した取り組みが見受けられます。起業家やスタートアップに対する支援のための補助金やアクセラレーション・プログラムなど、類似した取り組みが、国と自治体で同時に提供されていることがあります。たとえば、東京都が都内スタートアップのグローバル展開を支援するために「X-HUB TOKYO」という事業を実施しています。このスタートアップ支援事業では、「海外アクセラレーターによるオンラインメンタリングや大企業・VC等に向けたピッチイベントや展示会への出展等を含む海外現地への渡航プログラムを提供し、都内スタートアップのグローバルな成長をサポート」することが目的とされています。

他方で、経済産業省主催の起業家育成・海外派遣プログラムとしてJ-StarXという事業があります。この事業は「世界各地の先端的なスタートアップエコシステムに接続し、起業・海外展開に活かせるネットワーク形成を支援」することを目的としています。

このように、国と地域の間(場合によっては各省庁間)で一見重複した施策が講じられているケースが少なからず存在しており、調整あるいは分業する体制がとられていない点が懸念されます。重複の回避あるいは中央から地方主導への転換を含めて何らかの効率的な仕組みが模索される必要があるでしょう。

また、3章でスタートアップ・エコシステムとして取り上げたように、地域にはエコシステムを構成するさまざまな要素が存在します。言うまでもなく、地域間で強みや弱みとなる要素が大きく異なるでしょう。地域における産業構造も多様で、観光業が大きなシェアを占める沖縄県のような地域もあれば、愛知県のように製造業が大きなシェアを占める地域もあります。起業家の登場やスタートアップの成長は、一つの要素が優れていても十分ではなく、地域レベルでのさまざまな要素を組み合わせることで実現します(Schrijvers et al., 2023)。地域レベルでのイノベーション創出も、産業構造を含めたそれぞれの地域が持つ特性に依存する傾向があります(Block et al., 2022)。各自治体は他の地域の模倣ではなく、地域の何が強みで何が弱みなのかについて理解し、課題を分析した上で具体的な施策につなげる必要があるでしょう(Leendertse et al., 2022)。スタートアップ支援においては、各地域の実情に即した施策が求められるため、ある程度、地域主導で行う必要があるかもしれません。

イノベーション政策においては、政府は国のイノベーション・システムを重視していましたが、1990年代末から地域主導でのイノベーション推進にシフトさせてきました(Goto, 2000)。国から地域レベルへのシフトは、1995年11月に制定された科学技術・イノベーション基本法の導入により、地方公共団体にも、その行政区域において科学技術を発展させるための施策を策定する責務があると明文化されたことが背景にあります。さらに、経済産業省は、2001年に産業クラスター政策を開始し、地域の中小企業によって形成される産業クラスターや、大学やその他の研究機関の研究を事業化する新規事業を通じて、日本の競争力の強化に力を入れてきました。

2019年に政府は「世界に伍するスタートアップ・エコシステム拠点形成戦略」を発表し

て、翌年東京、大阪、福岡などのグローバル拠点都市と札幌、仙台、広島などの推進拠点都市を選定しています。これを機に、国と地域がうまく連携することは言うまでもなく、イノベーション政策のように主導権を地方自治体へと委譲していくことを考えるべきかもしれません。

おわりに

「スタートアップとは何か」という問いは壮大で深く、それに対して明快な答えを示すことは容易ではありません。本書はアカデミックな研究で得られた知見に基づき、この問いに対しての手がかりを探ってきました。

現実には、スタートアップをめぐる事象やそこから導かれる課題はとても複雑で、これまで蓄積された膨大なアカデミックな知見をもってしても確固とした処方箋が存在するわけではありません。他方で、起業家の登場やスタートアップの成長について政策的な観点から議論する際は、スタートラインとして何らかの指針(物差し)を持つことが望ましいでしょう。

言うまでもなく、「スタートアップ」と言えば公的支援が常に正当化されるわけではありません。スタートアップが経済活性化において重要な役割を果たす「可能性」があることは事実です。しかし、本書で述べてきたように、起業家の登場やスタートアップの成長はそう簡単に実現できるものではありません。5章や6章で取り上げたように、人々が持つ文化的・社会的規範の変化や労働市場の流動化といった、少なくとも短期的には実現が難しい課題が山積みだからです。これらは起業家やスタートアップだけの問題ではなく、大企業やわれわれを含めた社会全体の問題です。

小手先の施策を講じたところで、一部のスタートアップや投資家をはじめとした関係者の懐が潤うことはあっても、経済全体の活性化につなげることは容易ではありません。政治的(政策的)なアピールのための施策ではなく、地に足をつけた取り組みが行われるべきでしょう。政府は、スタートアップの光の部分である経済活性化への貢献を公的支援の正当化の根拠とするあまり、勝者(正確にはすでに勝者となっている企業)の支援に躍起になる傾向があります。政府によって勝者が育成されたかのように見え、短期的に成果が得やすいからでしょう。もちろん、ゾンビ企業のような敗者への支援も経済の健全性のためには望ましくはありません。

本書で繰り返し述べてきたように、本来政府が支援すべきなのは、市場に任せていればうまくいかないが介入すれば大きく成長する可能性のある企業です。つまり、勝者でもなく敗者でもなく、勝者になる可能性のある「挑戦者」への支援です。大きく成長を遂げた後の「昔スタートアップだった企業」や、成長の可能性の乏しい「一昔前に誕生した小さな企業」ではないはずです。

今後のスタートアップに対する公的支援に向けて、最後に2点言及しておきたいと思います。第一に、「長期的な観点」についてです。5章と6章で論じた「起業家の登場」および「スタートアップの成長」に向けては、長期的な観点で取り組む必要があると言えるでしょう。なぜなら、人々が持つ起業(起業家)に対する意識を含め日本(あるいは国内の各地域)の起業文化を短期的に変えることが難しいことは歴史的な教訓から明らかになっているからです。政治的な思惑に基づいて目先の数字を追求するのではなく、「急がば回れ」の意識を持ち、一歩一歩地道に起業環境を整えていくことが「スタートアップを通した経済活性化」への近道になるのではないかと思います。

第二に、「事後的な検証」です。これまで多くのスタートアップ支援が行われてきましたが、それらの効果検証が十分に行われているとは言えません。政府による公的支援の効果検証を行うことで、たとえ各施策が意図したような結果をもたらさなかったとしても、それを踏まえた改善策を検討することで今後のための教訓を得ることができるでしょう。国家予算を使って施策を講じる以上、国民に対する説明責任を果たす意味でも、事後的な検証は不可欠です。そのためには、まずはスタートアップ支援に関するデータの整備と公開へ向けて取り組む必要があるでしょう。

スタートアップを通した経済活性化に「魔法」はなく、辛抱強く一つ一つの課題に取り組んでいくしかありません。筆者を含め研究者も、地道に研究を進め、引き続きさまざまな手がかりを示していくしかありません。

あとがき

筆者がスタートアップ（アントレプレナーシップ）の研究を始めて、あっという間に15年以上が経ちました。それ以外のテーマにも取り組んでいますが、大学教員になってからずっとスタートアップの研究に携わっています。大企業を中心とした競争政策に関する研究に関心があった大学院生の頃のことを考えれば、まさかこんなに長い間スタートアップの研究を続けているとは思いもしませんでした。しかし、まだまだ研究者（人間）として未熟であり、今後いっそう精進していかなければなりません。

これまで、日本にいる研究者との間で数多くの共同研究を行い、海外にいる研究者ともいくつかの共同研究を行ってきました。しかし、海外にいる共同研究者はどんどん増えていく中で、日本の共同研究者の顔ぶれはほとんど変わっていません。残念ながら、この15年あまりでこの分野に「新規参入」してきた日本発の研究者がほとんどいないのです。これは、昨今の社会事情もあって、大学院生の数が減少していることにも関連していますが、この分野はその前からこの傾向に変わりがありません。
海外と比べて、日本ではスタートアップ(起業家)が登場しないだけでなく、スタートアップの研究者もあまり出てきていないのが現状です。「おわりに」で言及したように、スタートアップ政策の効果検証をするにも、研究者がいないというのは困った事態となります。効果検証でないにせよ、何より日本のスタートアップの研究が進まないのは残念なことです。本書を手に取った方々の中から、スタートアップの研究分野に新規参入者が登場することを切に願い、将来お会いするのを楽しみにしています。「スタートアップの研究は楽しい」ということだけは声を大にしてお伝えしておきたいと思います。

最後に、お世話になった方々への謝辞を記すことをお許しいただければと思います。本書の執筆を含め、これまでの研究活動において多くの方々から力を貸していただきました。まず、筆者の共同研究者たち(過去および現在)には、多くの学習の機会を与えていただいたことに、心から感謝しています。本書の内容は、これまでの共同研究を通して得た成果や考え方が大いに反映されています。特に、スタートアップの研究の世界に導いてくれた岡室博之さんと本庄裕司さんからは筆者の学生時代から適切で親身なアドバイスをいただいてきました。この2人との共同研究の成果や、これまで交わしてきた議論は本書の随所で活用されています。

また、筆者が現在所属する関西学院大学経済学部の同僚からは常に刺激をもらっています。本書の内容に関しても彼らとの議論が随所に生かされています。秘書の井上亜矢さんは、筆者の数々の無茶振りにも快く応じてくれて、日頃から大いに助けてもらっています。このような方々の存在に加えて、筆者が本学の素晴らしい環境のもとで研究活動に従事できていることに感謝の思いが募るばかりです。

さらに、スタートアップの関係者からは、多くの現場の声を聞かせてもらっていることにも感謝しなければなりません。特に、フォースタートアップス株式会社の方々からはスタートアップに関する情報提供に加えて、さまざまな政策的課題に関する意見交換の機会をたくさんいただいてきました。家族(両親、妻子)からの日々の協力と励ましにも大いに助けられてきました。すべての方々のお名前を挙げることはできませんが、この他にも多くの方々から励ましをもらいながら研究活動を送ってきました。

筆者に本書の執筆機会を与えていただいた、岩波新書編集部の島村典行さんおよび岩波書店には深く感謝の意を表したいと思います。

言うまでもなく、本書における見解や残りうる誤りは筆者自身のものであることを強調しておきたいと思います。

2024年新春の候　西宮上ケ原キャンパスにて

加藤雅俊

参考文献

第1章

加藤雅俊，長岡貞男(2012)．「日本の石油産業における組織再編とパフォーマンス――輸入自由化による競争条件の変化の影響」TCER Working Paper Series J-6, 東京経済研究センター．

深尾京司，権赫旭(2011)．「日本経済成長の源泉はどこにあるのか――ミクロデータによる実証分析」RIETI Discussion Paper Series 11-J-045, 経済産業研究所．

Acs, Z. (2006). How is entrepreneurship good for economic growth? *Innovations, 1* (1), 97–107.

Aghion, P., Blundell, R., Griffith, R., Howitt, P., & Prantl, S. (2009). The effects of entry on incumbent innovation and productivity. *The Review of Economics and Statistics, 91* (1), 20–32.

Daunfeldt, S. O., & Halvarsson, D. (2015). Are high-growth firms one-hit wonders? Evidence from Sweden. *Small Business Economics, 44* (2), 361–383.

Evans, D. S., & Jovanovic, B. (1989). An estimated model of entrepreneurial choice under liquidity constraints. *Journal of Political Economy, 97* (4), 808–827.

Fritsch, M., & Mueller, P. (2004). The Effects of new business formation on regional development over time. *Regional Studies, 38* (8), 961–975.

Garnsey, E., Stam, E., & Heffernan, P. (2006). New firm growth: Exploring processes and paths. *Industry and Innovation, 13* (1), 1–20.

Geroski, P. A. (1995). What do we know about entry? *International Journal of Industrial Organization, 13* (4), 421–440.

Haltiwanger, J., Jarmin, R. S., & Miranda, J. (2013). Who creates jobs? Small versus large versus young. *The Review of Economics and Statistics, 95* (2), 347–361.

Holtz-Eakin, D., Joulfaian, D., & Rosen, H. S. (1994). Entrepreneurial Decisions and Liquidity Constraints. *The RAND Journal of Economics, 25* (2), 334–347.

Ito, K., & Kato, M. (2016). Does new entry drive out incumbents? The varying roles of establishment size across sectors. *Small Business Economics, 46* (1), 57–78.

McDougall, P. P., Oviatt, B. M., & Shrader, R. C. (2003). A comparison of international and domestic new ventures. *Journal of International*

Entrepreneurship, 1 (1), 59–82.
Nagaoka, S., & Kimura, F. (1999). The competitive impact of international trade: The case of import liberalization of the Japanese oil product market. *Journal of the Japanese and International Economies, 13* (4), 397–423.
NESTA (2009). *The Vital 6 Per Cent*. London, UK: NESTA.
Okamuro, H., Kato, M., & Honjo, Y. (2011). Determinants of R&D cooperation in Japanese start-ups. *Research Policy, 40* (5), 728–738.
Qian, H., & Jung, H. (2017). Solving the knowledge filter puzzle: Absorptive capacity, entrepreneurship and regional development. *Small Business Economics, 48* (1), 99–114.
Rothaermel, F. T., & Boeker, W. (2008). Old technology meets new technology: Complementarities, similarities, and alliance formation. *Strategic Management Journal, 29* (1), 47–77.
Sørensen, J. B., & Stuart, T. E. (2000). Aging, obsolescence, and organizational innovation. *Administrative Science Quarterly, 45* (1), 81–112.
Stuetzer, M., Audretsch, D. B., Obschonka, M., Gosling, S. D., Rentfrow, P. J., & Potter, J. (2018). Entrepreneurship culture, knowledge spillovers and the growth of regions. *Regional Studies, 52* (5), 608–618.
van Stel, A., Carree, M., & Thurik, R. (2005). The effect of entrepreneurial activity on national economic growth. *Small Business Economics, 24* (3), 311–321.
Wennekers, S., & Thurik, R. (1999). Linking entrepreneurship and economic growth. *Small Business Economics, 13* (1), 27–56.

第 2 章

Acs, Z. (2006). How is entrepreneurship good for economic growth? *Innovations, 1* (1), 97–107.
Agarwal, R., Echambadi, R., Franco, A. M., & Sarkar, Mb. (2004). Knowledge transfer through inheritance: Spin-out generation, development, and survival. *Academy of Management Journal, 47* (4), 501–522.
Åstebro, T., Bazzazian, N., & Braguinsky, S. (2012). Startups by recent university graduates and their faculty: Implications for university entrepreneurship policy. *Research Policy, 41* (4), 663–677.
Bahoo-Torodi, A., & Torrisi, S. (2022). When do spinouts benefit from market overlap with parent firms? *Journal of Business Venturing, 37* (6), 106249.
Blanchflower, D. G., & Oswald, A. J. (1998). What makes an entre-

preneur? *Journal of Labor Economics, 16* (1), 26–60.

Campbell, B. A., Ganco, M., Franco, A. M., & Agarwal, R. (2012). Who leaves, where to, and why worry? Employee mobility, entrepreneurship and effects on source firm performance. *Strategic Management Journal, 33* (1), 65–87.

Christensen, C. M. (1993). The rigid disk drive industry: A history of commercial and technological turbulence. *Business History Review, 67* (4), 531–588.

Coad, A., Kato, M., & Srhoj, S. (2023). Empirical issues concerning studies of firm entry. *Industrial and Corporate Change*, dtad031.

Dick, J. M., Hussinger, K., Blumberg, B., & Hagedoorn, J. (2013). Is success hereditary? Evidence on the performance of spawned ventures. *Small Business Economics, 40* (4), 911–931.

Eriksson, T., & Kuhn, J. M. (2006). Firm spin-offs in Denmark 1981–2000—patterns of entry and exit. *International Journal of Industrial Organization, 24* (5), 1021–1040.

Estrin, S., Mickiewicz, T., & Stephan, U. (2013). Entrepreneurship, social capital, and institutions: Social and commercial entrepreneurship across nations. *Entrepreneurship Theory and Practice, 37* (3), 479–504.

Fini, R., Grimaldi, R., & Sobrero, M. (2009). Factors fostering academics to start up new ventures: An assessment of Italian founders' incentives. *Journal of Technology Transfer, 34* (4), 380–402.

Frankish, J. S., Roberts, R. G., Coad, A., Spears, T. C., & Storey, D. J. (2013). Do entrepreneurs really learn? Or do they just tell us that they do? *Industrial and Corporate Change, 22* (1), 73–106.

Franklin, S. J., Wright, M., & Lockett, A. (2001). Academic and surrogate entrepreneurs in university spin-out companies. *The Journal of Technology Transfer, 26* (1–2), 127–141.

Fuller, A. W., & Rothaermel, F. T. (2012). When stars shine: The effects of faculty founders on new technology ventures. *Strategic Entrepreneurship Journal, 6* (3), 220–235.

Gompers, P., Lerner, J., & Scharfstein, D. (2005). Entrepreneurial spawning: Public corporations and the genesis of new ventures, 1986 to 1999. *The Journal of Finance, 60* (2), 577–614.

Gottschalk, S., Greene, F. J., & Müller, B. (2017). The impact of habitual entrepreneurial experience on new firm closure outcomes. *Small Business Economics, 48* (2), 303–321

Gupta, P., Chauhan, S., Paul, J., & Jaiswal, M. P. (2020). Social entrepreneurship research: A review and future research agenda. *Journal*

of Business Research, 113, 209–229.
Habib, M. A., Hege, U., & Mella-Barral, P. (2013). Entrepreneurial spawning and firm characteristics. *Management Science, 59* (12), 2790–2804.
Helfat, C. E., & Lieberman, M. B. (2002). The birth of capabilities: Market entry and the importance of pre-history. *Industrial and Corporate Change, 11* (4), 725–760.
Ioannou, I. (2014). When do spinouts enhance parent firm performance? Evidence from the US automobile industry, 1890–1986. *Organization Science, 25* (2), 529–551.
Lafontaine, F., & Shaw, K. (2016). Serial entrepreneurship: Learning by doing? *Journal of Labor Economics, 34* (S2), S217–S254.
Lazear, E. P. (2004). Balanced skills and entrepreneurship. *American Economic Review, 94* (2), 208–211.
Klepper, S. (2009). Spinoffs: A review and synthesis. *European Management Review, 6* (3), 159–171.
Klepper, S., & Thompson, P. (2010). Disagreements and intra-industry spinoffs. *International Journal of Industrial Organization, 28* (5), 526–538.
Mair, J., & Marti, I. (2006). Social entrepreneurship research: A source of explanation, prediction, and delight. *Journal of World Business, 41* (1), 36–44.
Markman, G. D., Gianiodis, P. T., Phan, P. H., & Balkin, D. B. (2004). Entrepreneurship from the ivory tower: Do incentive systems matter? *The Journal of Technology Transfer, 29* (3–4), 353–364.
McKendrick, D. G., Wade, J. B., & Jaffee, J. (2009). A good riddance? Spin-offs and the technological performance of parent firms. *Organization Science, 20* (6), 979–992.
Munari, F., Pasquini, M., & Toschi, L. (2015). From the lab to the stock market? The characteristics and impact of university-oriented seed funds in Europe. *The Journal of Technology Transfer, 40* (6), 948–975.
Petrovskaya, I., & Mirakyan, A. (2018). A mission of service: Social entrepreneur as a servant leader. *International Journal of Entrepreneurial Behavior & Research, 24* (3), 755–767.
Phillips, D. J. (2002). A genealogical approach to organizational life chances: The parent-progeny transfer among Silicon Valley law firms, 1946–1996. *Administrative Science Quarterly, 47* (3), 474–506.
Raffiee, J., & Feng, J. (2014). Should I quit my day job?: A hybrid path to entrepreneurship. *Academy of Management Journal, 57* (4), 936–

963.
Rasmussen, E., & Borch, O. J. (2010). University capabilities in facilitating entrepreneurship: A longitudinal study of spin-off ventures at mid-range universities. *Research Policy, 39* (5), 602–612.
Robb, A. M., & Robinson, D. T. (2014). The capital structure decisions of new firms. *Review of Financial Studies, 27* (1), 153–179.
Rocha, V., Carneiro, A., & Varum, C. A. (2015). Serial entrepreneurship, learning by doing and self-selection. *International Journal of Industrial Organization, 40,* 91–106.
Sapienza, H. J., Parhankangas, A., & Autio, E. (2004). Knowledge relatedness and post-spin-off growth. *Journal of Business Venturing, 19* (6), 809–829.
Shane, S. (2004). *Academic Entrepreneurship: University Spinoffs and Wealth Creation*. Cheltenham, UK: Edward Elgar.
Sørensen, J. B. (2007). Bureaucracy and entrepreneurship: Workplace effects on entrepreneurial entry. *Administrative Science Quarterly, 52* (3), 387–412.
Stephan, U., Rauch, A., & Hatak, I. (2023). Happy entrepreneurs? Everywhere? A meta-analysis of entrepreneurship and wellbeing. *Entrepreneurship Theory and Practice, 47* (2), 553–593.
Toole, A. A., & Czarnitzki, D. (2009). Exploring the relationship between scientist human capital and firm performance: The case of biomedical academic entrepreneurs in the SBIR program. *Management Science, 55* (1), 101–114.
Toole, A. A., & Czarnitzki, D. (2010). Commercializing science: Is there a university “brain drain” from academic entrepreneurship? *Management Science, 56* (9), 1599–1614.
Ucbasaran, D., Westhead, P., Wright, M., & Flores, M. (2010). The nature of entrepreneurial experience, business failure and comparative optimism. *Journal of Business Venturing, 25* (6), 541–555.
Wallis, L., Walmsley, A., Beaumont, E., & Sutton, C. (2020). ‘Just want to surf, make boards and party’: How do we identify lifestyle entrepreneurs within the lifestyle sports industry? *International Entrepreneurship and Management Journal, 16* (3), 917–934.
Walter, S. G., Heinrichs, S., & Walter, A. (2014). Parent hostility and spin-out performance. *Strategic Management Journal, 35* (13), 2031–2042.
Wennekers, S., van Stel, A., Thurik, R., & Reynolds, P. (2005). Nascent entrepreneurship and the level of economic development. *Small Business Economics, 24* (3), 293–309.

参考文献

Yeganegi, S., Dass, P., & Laplume, A. O. (2024). Reviewing the employee spinout literature: A cross-disciplinary approach. *Journal of Economic Surveys, 38* (1), 137–167.

Yamakawa, Y., Peng, M. W., & Deeds, D. L. (2015). Rising from the ashes: Cognitive determinants of venture growth after entrepreneurial failure. *Entrepreneurship Theory and Practice, 39* (2), 209–236.

Zhang, J. (2011). The advantage of experienced start-up founders in venture capital acquisition: Evidence from serial entrepreneurs. *Small Business Economics, 36* (2), 187–208.

第 3 章

岡室博之，加藤雅俊(2013).「スタートアップ企業における雇用の成長と構成変化の決定要因――研究開発型企業とそれ以外の企業の比較分析」『フィナンシャル・レビュー』*112,* 8–25.

Acosta, M., Coronado, D., & Flores, E. (2011). University spillovers and new business location in high-technology sectors: Spanish evidence. *Small Business Economics, 36* (3), 365–376.

Acs, Z. J., Braunerhjelm, P., Audretsch, D. B., & Carlsson, B. (2009). The knowledge spillover theory of entrepreneurship. *Small Business Economics, 32* (1), 15–30.

Abbasianchavari, A., & Moritz, A. (2021). The impact of role models on entrepreneurial intentions and behavior: A review of the literature. *Management Review Quarterly, 71* (1), 1–40.

Ahn, K., & Winters, J. V. (2023). Does education enhance entrepreneurship? *Small Business Economics, 61* (2), 717–743.

Armington, C., & Acs, Z. J. (2002). The determinants of regional variation in new firm formation. *Regional Studies, 36* (1), 33–45.

Bosma, N., Hessels, J., Schutjens, V., van Praag, M., & Verheul, I. (2012). Entrepreneurship and role models. *Journal of Economic Psychology, 33* (2), 410–424.

Busenitz, L. W., & Barney, J. B. (1997). Differences between entrepreneurs and managers in large organizations: Biases and heuristics in strategic decision-making. *Journal of Business Venturing, 12* (1), 9–30.

Cassar, G., & Friedman, H. (2009). Does self-efficacy affect entrepreneurial investment? *Strategic Entrepreneurship Journal, 3* (3), 241–260.

Chen, N., Ding, G., & Li, W. (2016). Do negative role models increase entrepreneurial intentions? The moderating role of self-esteem. *Basic and Applied Social Psychology, 38* (6), 337–350.

Chen, J., & Thompson, P. (2015). New firm performance and the replacement of founder-CEOs. *Strategic Entrepreneurship Journal, 9* (3), 243–262.

Cooper, A. C., Woo, C. Y., & Dunkelberg, W. C. (1988). Entrepreneurs' perceived chances for success. *Journal of Business Venturing, 3* (2), 97–108.

Davidsson, P., & Honig, B. (2003). The role of social and human capital among nascent entrepreneurs. *Journal of Business Venturing, 18* (3), 301–331.

Dunn, T., & Holtz-Eakin, D. (2000). Financial capital, human capital, and the transition to self-employment: Evidence from intergenerational links. *Journal of Labor Economics, 18* (2), 282–305.

Duranton, G., & Puga, D. (2001). Nursery cities: Urban diversity, process innovation, and the life cycle of products. *American Economic Review, 91* (5), 1454–1477.

Forbes, D. P. (2005). Are some entrepreneurs more overconfident than others? *Journal of Business Venturing, 20* (5), 623–640.

Fritsch, M., Kritikos, A., & Pijnenburg, K. (2015). Business cycles, unemployment and entrepreneurial entry: Evidence from Germany. *International Entrepreneurship and Management Journal, 11* (2), 267–286.

Fritsch, M., & Wyrwich, M. (2018). Regional knowledge, entrepreneurial culture, and innovative start-ups over time and space—an empirical investigation. *Small Business Economics, 51*, 337–353.

Fritsch, M., & Wyrwich, M. (2019). *Regional Trajectories of Entrepreneurship, Knowledge, and Growth*. Cham, Switzerland: Springer.

Henderson, R., Jaffe, A. B., & Trajtenberg, M. (1998). Universities as a source of commercial technology: A detailed analysis of university patenting, 1965–1988. *The Review of Economics and Statistics, 80* (1), 119–127.

Honjo, Y., & Kato, M. (2022). Are founder-CEOs resilient to crises? The impact of founder-CEO succession on new firm survival. *International Small Business Journal, 40* (2), 205–235.

Klapper, L., Laeven, L., & Rajan, R. (2006). Entry regulation as a barrier to entrepreneurship. *Journal of Financial Economics, 82* (3), 591–629.

Kleinhempel, J., Klasing, M. J., & Beugelsdijk, S. (2023). Cultural roots of entrepreneurship: Evidence from second-generation immigrants. *Organization Science, 34* (5), 1800–1819.

Klepper, S. (1997). Industry life cycles. *Industrial and Corporate*

Change, 6 (1), 145–182.

Klepper, S., & Simons, K. L. (2000). The making of an oligopoly: Firm survival and technological change in the evolution of the U.S. tire industry. *Journal of Political Economy, 108* (4), 728–760.

Koellinger, P., Minniti, M., & Schade, C. (2007). "I think I can, I think I can": Overconfidence and entrepreneurial behavior. *Journal of Economic Psychology, 28* (4), 502–527.

Krueger Jr., N. F., & Brazeal, D. V. (1994). Entrepreneurial potential and potential entrepreneurs. *Entrepreneurship Theory and Practice, 18* (3), 91–104.

Lazear, E. P. (2004). Balanced skills and entrepreneurship. *American Economic Review, 94* (2), 208–211.

Lee, S. H., Yamakawa, Y., Peng, M. W., & Barney, J. B. (2011). How do bankruptcy laws affect entrepreneurship development around the world? *Journal of Business Venturing, 26* (5), 505–520.

Nicolaou, N., Shane, S., Cherkas, L., Hunkin, J., & Spector, T. D. (2008). Is the tendency to engage in entrepreneurship genetic? *Management Science, 54* (1), 167–179.

Rosenthal, S. S., & Strange, W. C. (2003). Geography, industrial organization, and agglomeration. *The Review of Economics and Statistics, 85* (2), 377–393.

Shane, S. (2003). *A General Theory of Entrepreneurship: The Individual-Opportunity Nexus*. Cheltenham, UK: Edward Elgar.

Shane, S., & Venkataraman, S. (2000). The promise of entrepreneurship as a field of research. *Academy of Management Review, 25* (1), 217–226.

Stam, E. (2015). Entrepreneurial ecosystems and regional policy: A sympathetic critique. *European Planning Studies, 23* (9), 1759–1769.

Ucbasaran, D., Westhead, P., & Wright, M. (2008). Opportunity identification and pursuit: Does an entrepreneur's human capital matter? *Small Business Economics, 30* (2), 153–173.

Tian, C. (2018). Firm-level entry and exit dynamics over the business cycles. *European Economic Review, 102* (C), 298–326.

van Auken, H., Fry, F. L., & Stephens, P. (2006). The influence of role models on entrepreneurial intentions. *Journal of Developmental Entrepreneurship, 11* (02), 157–167.

van Stel, A., Storey, D. J., & Thurik, A. R. (2007). The effect of business regulations on nascent and young business entrepreneurship. *Small Business Economics, 28* (2), 171–186.

Wagner, J. (2006). Are nascent entrepreneurs Jacks-of-all-trades? A test

of Lazear's theory of entrepreneurship with German data. *Applied Economics, 38* (20), 2415–2419.
Wennekers, S., van Stel, A., Thurik, R., & Reynolds, P. (2005). Nascent entrepreneurship and the level of economic development. *Small Business Economics, 24* (3), 293–309.
Yamamura, E., Sonobe, T., & Otsuka, K. (2005). Time path in innovation, imitation, and growth: The case of the motorcycle industry in postwar Japan. *Journal of Evolutionary Economics, 15* (2), 169–186.
Zhang, Z., Zyphur, M. J., Narayanan, J., Arvey, R. D., Chaturvedi, S., Avolio, B. J., Lichtenstein, P., & Larsson, G. (2009). The genetic basis of entrepreneurship: Effects of gender and personality. *Organizational Behavior and Human Decision Processes, 110* (2), 93–107.

第 4 章

Azoulay, P., Jones, B. F., Kim, J. D., & Miranda, J. (2020). Age and high-growth entrepreneurship. *American Economic Review: Insights, 2* (1), 65–82.
Baum, J. A., & Silverman, B. S. (2004). Picking winners or building them? Alliance, intellectual, and human capital as selection criteria in venture financing and performance of biotechnology startups. *Journal of Business Venturing, 19* (3), 411–436.
Bennett, V. M., & Chatterji, A. K. (2023). The entrepreneurial process: Evidence from a nationally representative survey. *Strategic Management Journal, 44* (1), 86–116.
Cabral, L. (1995). Sunk costs, firm size and firm growth. *Journal of Industrial Economics, 43* (2), 161–172.
Chen, J. S., Croson, D. C., Elfenbein, D. W., & Posen, H. E. (2018). The impact of learning and overconfidence on entrepreneurial entry and exit. *Organization Science, 29* (6), 989–1009.
Coad, A. (2009). *The Growth of Firms: A Survey of Theories and Empirical Evidence*. Cheltenham, UK: Edward Elgar.
Coad, A., Daunfeldt, S. O., & Halvarsson, D. (2018). Bursting into life: Firm growth and growth persistence by age. *Small Business Economics, 50* (1), 55–75.
Coad, A., Frankish, J., Roberts, R. G., & Storey, D. J. (2013 a). Growth paths and survival chances: An application of Gambler's Ruin theory. *Journal of Business Venturing, 28* (5), 615–632.
Coad, A., & Kato, M. (2021). Growth paths and routes to exit: 'Shadow of death' effects for new firms in Japan. *Small Business Economics, 57* (3), 1145–1173.

Coad, A., Segarra, A., & Teruel, M. (2013 b). Like milk or wine: Does firm performance improve with age? *Structural Change and Economic Dynamics, 24* (C), 173–189.

Coad, A., & Storey, D. J. (2021). Taking the entrepreneur out of entrepreneurship. *International Journal of Management Reviews, 23* (4), 541–548.

Cohen, W. M., & Levinthal, D. A. (1990). Absorptive capacity: A new perspective on learning and innovation. *Administrative Science Quarterly, 35* (1), 128–152.

Colombelli, A., Krafft, J., & Vivarelli, M. (2016). To be born is not enough: The key role of innovative start-ups. *Small Business Economics, 47* (2), 277–291.

Colombo, M. G., D'Adda, D., & Quas, A. (2019). The geography of venture capital and entrepreneurial ventures' demand for external equity. *Research Policy, 48* (5), 1150–1170.

Colombo, M. G., & Grilli, L. (2005). Founders' human capital and the growth of new technology-based firms: A competence-based view. *Research Policy, 34* (6), 795–816.

Colombo, M. G., & Grilli, L. (2010). On growth drivers of high-tech start-ups: Exploring the role of founders' human capital and venture capital. *Journal of Business Venturing, 25* (6), 610–626.

Daunfeldt, S. O., Elert, N., & Johansson, D. (2016). Are high-growth firms overrepresented in high-tech industries? *Industrial and Corporate Change, 25* (1), 1–21.

Deeds, D. L. (2001). The role of R&D intensity, technical development and absorptive capacity in creating entrepreneurial wealth in high technology start-ups. *Journal of Engineering and Technology Management, 18* (1), 29–47.

Delmar, F., & Shane, S. (2006). Does experience matter? The effect of founding team experience on the survival and sales of newly founded ventures. *Strategic Organization, 4* (3), 215–247.

Flachenecker, F., Gavigan, J., Goenaga Beldarrain, X., Pasi, G., Preziosi, N., Stamenov, B., & Testa, G. (2020). High growth enterprises: Demographics, financing & policy measures. JRC technical report. Joint Research Center.

Fotopoulos, G., & Louri, H. (2000). Location and survival of new entry. *Small Business Economics, 14* (4), 311–321.

Geroski, P. A., Mata, J., & Portugal, P. (2010). Founding conditions and the survival of new firms. *Strategic Management Journal, 31* (5), 510–529.

Haltiwanger, J., Jarmin, R. S., & Miranda, J. (2013). Who creates jobs? Small versus large versus young. *The Review of Economics and Statistics, 95* (2), 347–361.

Harada, N. (2007). Which firms exit and why? An analysis of small firm exits in Japan. *Small Business Economics, 29* (4), 401–414.

Hart, P. E. (2000). Theories of firms' growth and the generation of jobs. *Review of Industrial Organization, 17* (3), 229–248.

Hart, P. E., & Oulton, N. (1996). Growth and size of firms. *The Economic Journal, 106* (438), 1242–1252.

Henrekson, M., & Johansson, D. (2010). Gazelles as job creators: A survey and interpretation of the evidence. *Small Business Economics, 35* (2), 227–244.

Hoenig, D., & Henkel, J. (2015). Quality signals? The role of patents, alliances, and team experience in venture capital financing. *Research Policy, 44* (5), 1049–1064.

Holgersson, M. (2013). Patent management in entrepreneurial SMEs: A literature review and an empirical study of innovation appropriation, patent propensity, and motives. *R&D Management, 43* (1), 21–36.

Honjo, Y., Kato, M., & Okamuro, H. (2014). R&D investment of start-up firms: Does founders' human capital matter? *Small Business Economics, 42* (2), 207–220.

Hsu, D. H. (2007). Experienced entrepreneurial founders, organizational capital, and venture capital funding. *Research Policy, 36* (5), 722–741.

Hsu, D. H., & Ziedonis, R. H. (2013). Resources as dual sources of advantage: Implications for valuing entrepreneurial-firm patents. *Strategic Management Journal, 34* (7), 761–781.

Kato, M. (2020). Founders' human capital and external knowledge sourcing: Exploring the absorptive capacity of start-up firms. *Economics of Innovation and New technology, 29* (2), 184–205.

Kato, M., & Honjo, Y. (2015). Entrepreneurial human capital and the survival of new firms in high-and low-tech sectors. *Journal of Evolutionary Economics, 25* (5), 925–957.

Kato, M., Okamuro, H., & Honjo, Y. (2015). Does founders' human capital matter for innovation? evidence from japanese start-ups. *Journal of Small Business Management, 53* (1), 114–128.

Kato, M., Onishi, K., & Honjo, Y. (2022). Does patenting always help new firm survival? Understanding heterogeneity among exit routes. *Small Business Economics, 59* (2), 449–475.

Kato, M., & Odagiri, H. (2012). Development of university life-science programs and university-industry joint research in Japan. *Research Policy, 41* (5), 939–952.

Kuckertz, A., Scheu, M., & Davidsson, P. (2023). Chasing mythical creatures—A (not-so-sympathetic) critique of entrepreneurship's obsession with unicorn startups. *Journal of Business Venturing Insights, 19* (C), e00365.

Lechner, C., & Dowling, M. (2003). Firm networks: External relationships as sources for the growth and competitiveness of entrepreneurial firms. *Entrepreneurship & Regional Development, 15* (1), 1–26.

Lieberman, M. B., & Montgomery, D. B. (1988). First-mover advantages. *Strategic Management Journal, 9* (S1), 41–58.

Lieberman, M. B., & Montgomery, D. B. (1998). First-mover (dis)advantages: Retrospective and link with the resource-based view. *Strategic Management Journal, 19* (12), 1111–1125.

Nahata, R. (2019). Success is good but failure is not so bad either: Serial entrepreneurs and venture capital contracting. *Journal of Corporate Finance, 58*, 624–649.

NESTA (2009). *The Vital 6 Per Cent*. London, UK: NESTA.

OECD (2008). *Measuring Entrepreneurship: A Digest of Indicators*. Paris, OECD.

Okamuro, H., Kato, M., & Honjo, Y. (2011). Determinants of R&D cooperation in Japanese start-ups. *Research Policy, 40* (5), 728–738.

Porter, M. E. (1980). *Competitive Strategy: Techniques for Analyzing Industries and Competitors*. New York: Free Press.

Rosenbusch, N., Brinckmann, J., & Bausch, A. (2011). Is innovation always beneficial? A meta-analysis of the relationship between innovation and performance in SMEs. *Journal of Business Venturing, 26* (4), 441–457.

Stam, E., & Wennberg, K. (2009). The roles of R&D in new firm growth. *Small Business Economics, 33* (1), 77–89.

Storey, D. J. (1994). *Understanding the Small Business Sector*. London, UK: Routledge.

Thompson, P. (2005). Selection and firm survival: Evidence from the shipbuilding industry, 1825–1914. *The Review of Economics and Statistics, 87* (1), 26–36.

Wennberg, K., Wiklund, J., DeTienne, D. R., & Cardon, M. S. (2010). Reconceptualizing entrepreneurial exit: Divergent exit routes and their drivers. *Journal of Business Venturing, 25* (4), 361–375.

Yoffie, D. B., & Kwak, M. (2001). *Judo Strategy: Turning Your Competi-*

tors' Strength to Your Advantage. Boston, MA: Harvard Business School Press.

第 5 章

今仁裕輔，植杉威一郎，安田行宏（2023）．「日本企業の資金調達――ゾンビ企業・無借金企業の存在」TDB-CAREE Discussion Paper Series J-2023-01，一橋大学経済学研究科帝国データバンク企業・経済高度実証研究センター．

島津明人（2014）．『ワーク・エンゲイジメント――ポジティブ・メンタルヘルスで活力ある毎日を』労働調査会．

高橋徳行，磯辺剛彦，本庄裕司，安田武彦，鈴木正明（2013）．「起業活動に影響を与える要因の国際比較分析」RIETI Discussion Paper Series 13-J-015，経済産業研究所．

山内勇（2021）．「ベンチャー企業の役割とその変化」鈴木潤，安田聡子，後藤晃編『変貌する日本のイノベーション・システム』有斐閣．

Ahn, K., & Winters, J. V. (2023). Does education enhance entrepreneurship? *Small Business Economics, 61* (2), 717–743.

Autio, E. (2011). High-aspiration entrepreneurship. In Minniti, M. (ed.) *The Dynamics of Entrepreneurship: Evidence from Global Entrepreneurship Monitor Data*. Oxford: Oxford University Press, 251–275.

Bates, T. (1990). Entrepreneur human capital inputs and small business longevity. *The Review of Economics and Statistics, 72* (4), 551–559.

Branstetter, L., Lima, F., Taylor, L. J., & Venâncio, A. (2014). Do entry regulations deter entrepreneurship and job creation? Evidence from recent reforms in Portugal. *The Economic Journal, 124* (577), 805–832.

Bruhn, M. (2011). License to sell: The effect of business registration reform on entrepreneurial activity in Mexico. *The Review of Economics and Statistics, 93* (1), 382–386.

Caballero, R. J., Hoshi, T., & Kashyap, A. K. (2008). Zombie lending and depressed restructuring in Japan. *American Economic Review, 98* (5), 1943–1977.

Criscuolo, C., Gal, P. N., & Menon, C. (2014). The dynamics of employment growth. CEP Discussion Paper No. CEPDP 1274, The London School of Economics and Political Science.

European Commission/EACEA/Eurydice, (2016). Entrepreneurship Education at School in Europe. Eurydice Report. Luxembourg: Publications Office of the European Union.

Henry, C., Hill, F., & Leitch, C. (2005). Entrepreneurship education

and training: Can entrepreneurship be taught? Part I. *Education & Training, 47* (2), 98–111.

Honjo, Y. (2015). Why are entrepreneurship levels so low in Japan? *Japan and the World Economy, 36*, 88–101.

Hoshi, T., Kawaguchi, D., & Ueda, K. (2023). Zombies, again? The COVID-19 business support programs in Japan. *Journal of Banking & Finance, 147*, 106421.

Hoshi, T., & Shibuya, Y. (2023). Personal guarantees on bank loans and SMEs' CEO succession. CARF Working Paper CARF-F-554, Center for Advanced Research in Finance, University of Tokyo.

Huber, L. R., Sloof, R., & van Praag, M. (2014). The effect of early entrepreneurship education: Evidence from a field experiment. *European Economic Review, 72* (C), 76–97.

Kaplan, D. S., Piedra, E., & Seira, E. (2011). Entry regulation and business start-ups: Evidence from Mexico. *Journal of Public Economics, 95* (11–12), 1501–1515.

Kato, M., & Honjo, Y. (2015). Entrepreneurial human capital and the survival of new firms in high-and low-tech sectors. *Journal of Evolutionary Economics, 25* (5), 925–957.

Koellinger, P., Minniti, M., & Schade, C. (2007). "I think I can, I think I can": Overconfidence and entrepreneurial behavior. *Journal of Economic Psychology, 28* (4), 502–527.

Lanjouw, J. O., & Schankerman, M. (2004). Protecting intellectual property rights: Are small firms handicapped? *The Journal of Law and Economics, 47* (1), 45–74.

Oosterbeek, H., van Praag, M., & Ijsselstein, A. (2010). The impact of entrepreneurship education on entrepreneurship skills and motivation. *European Economic Review, 54* (3), 442–454.

Peterman, N. E., & Kennedy, J. (2003). Enterprise education: Influencing students' perceptions of entrepreneurship. *Entrepreneurship Theory and Practice, 28* (2), 129–144.

Rasmussen, E. A., & Sørheim, R. (2006). Action-based entrepreneurship education. *Technovation, 26* (2), 185–194.

Rauch, A., & Hulsink, W. (2015). Putting entrepreneurship education where the intention to act lies: An investigation into the impact of entrepreneurship education on entrepreneurial behavior. *Academy of Management Learning & Education, 14* (2), 187–204.

Rideout, E. C., & Gray, D. O. (2013). Does entrepreneurship education really work? A review and methodological critique of the empirical literature on the effects of university-based entrepreneurship educa-

tion. *Journal of Small Business Management, 51* (3), 329–351.
Santarelli, E., & Vivarelli, M. (2002). Is subsidizing entry an optimal policy? *Industrial and Corporate Change, 11* (1), 39–52.
Shane, S. (2009). Why encouraging more people to become entrepreneurs is bad public policy. *Small Business Economics, 33* (2), 141–149.
van Gelderen, M., Brand, M., van Praag, M., Bodewes, W., Poutsma, E., & van Gils, A. (2008). Explaining entrepreneurial intentions by means of the theory of planned behaviour. *Career Development International, 13* (6), 538–559.
von Graevenitz, G., Harhoff, D., & Weber, R. (2010). The effects of entrepreneurship education. *Journal of Economic Behavior & Organization, 76* (1), 90–112.
Walter, S. G., & Dohse, D. (2012). Why mode and regional context matter for entrepreneurship education. *Entrepreneurship & Regional Development, 24* (9–10), 807–835.
Walter, S. G., & Block, J. H. (2016). Outcomes of entrepreneurship education: An institutional perspective. *Journal of Business Venturing, 31* (2), 216–233.

第 6 章

内田大輔，芦澤美智子，軽部大(2022).「アクセラレーターによるスタートアップの育成――日本のアクセラレータープログラムに関する実証分析」『日本経営学会誌』50, 59–72.
加藤雅俊，長岡貞男(2012).「日本の石油産業における組織再編とパフォーマンス――輸入自由化による競争条件の変化の影響」TCER Working Paper Series J-6, 東京経済研究センター.
山村英司(2006).「企業間生存競争と産業発展プロセス――戦後日本オートバイ産業の発展，1948–1964 年」『経済研究』57(1), 30–44.
米山茂美，渡部俊也，山内勇，真鍋誠司，岩田智(2017).「日米欧企業におけるオープン・イノベーション活動の比較研究」『學習院大學經濟論集』54(1), 35–52.
Bertoni, F., Colombo, M. G., & Quas, A. (2015). The patterns of venture capital investment in Europe. *Small Business Economics, 45* (3), 543–560.
Block, J., Fisch, C., Ikeuchi, K., & Kato, M. (2022). Trademarks as an indicator of regional innovation: Evidence from Japanese prefectures. *Regional Studies, 56* (2), 190–209.
Bradley, S. W., Kim, P. H., Klein, P. G., McMullen, J. S., & Wennberg, K. (2021). Policy for innovative entrepreneurship: Institutions, in-

terventions, and societal challenges. *Strategic Entrepreneurship Journal, 15* (2), 167–184.

Brown, J. R., Fazzari, S. M., & Petersen, B. C. (2009). Financing innovation and growth: Cash flow, external equity, and the 1990s R&D boom. *Journal of Finance, 64* (1), 151–185.

Brown, R., & Mawson, S. (2016). Targeted support for high growth firms: Theoretical constraints, unintended consequences and future policy challenges. *Environment and Planning C: Government and Policy, 34* (5), 816–836.

Chemmanur, T. J., Hull, T. J., & Krishnan, K. (2016). Do local and international venture capitalists play well together? The complementarity of local and international venture capitalists. *Journal of Business Venturing, 31* (5), 573–594.

Chemmanur, T. J., Loutskina, E., & Tian, X. (2014). Corporate venture capital, value creation, and innovation. *Review of Financial Studies, 27* (8), 2434–2473.

Coad, A., Harasztosi, P., Pál, R., & Teruel, M. (2022). Policy instruments for high-growth enterprises. In Wennberg, K., & Sandström, C. (eds.). *Questioning the Entrepreneurial State: Status-quo, Pitfalls, and the Need for Credible Innovation Policy*. Cham, Switzerland: Springer. 273–298.

Coad, A., & Kato, M. (2021). Growth paths and routes to exit: 'Shadow of death' effects for new firms in Japan. *Small Business Economics, 57* (3), 1145–1173.

Cohen, W. M., & Levinthal, D. A. (1989). Innovation and learning: The two faces of R&D. *The Economic Journal, 99* (397), 569–596.

Cohen, W. M., & Levinthal, D. A. (1990). Absorptive capacity: A new perspective on learning and innovation. *Administrative Science Quarterly, 35* (1), 128–152.

Colombo, M. G., Giannangeli, S., & Grilli, L. (2013). Public subsidies and the employment growth of high-tech start-ups: Assessing the impact of selective and automatic support schemes. *Industrial and Corporate Change, 22* (5), 1273–1314.

Colombo, M. G., & Grilli, L. (2007). Funding gaps? Access to bank loans by high-tech start-ups. *Small Business Economics, 29* (1), 25–46.

Dushnitsky, G., & Lenox, M. J. (2005). When do incumbents learn from entrepreneurial ventures?: Corporate venture capital and investing firm innovation rates. *Research Policy, 34* (5), 615–639.

Goto, A. (2000). Japan's national innovation system: Current status and

problems. *Oxford Review of Economic Policy, 16* (2), 103–113.

Grilli, L., & Murtinu, S. (2014). Government, venture capital and the growth of European high-tech entrepreneurial firms. *Research Policy, 43* (9), 1523–1543.

Gustafsson, A., Tingvall, P. G., & Halvarsson, D. (2020). Subsidy entrepreneurs: An inquiry into firms seeking public grants. *Journal of Industry, Competition and Trade, 20* (3), 439–478.

Honjo, Y. (2017). Capital structure of start-up firms: An international comparison, Working Paper Series No. 001, Center for Research on Startup Finance.

Honjo, Y., & Kato, M. (2019). Do initial financial conditions determine the exit routes of start-up firms? *Journal of Evolutionary Economics, 29* (3), 1119–1147.

Howell, S. T. (2017). Financing innovation: Evidence from R&D grants. *American Economic Review, 107* (4), 1136–1164.

Inoue, H., & Yamaguchi, E. (2017). Evaluation of the small business innovation research program in Japan. *Sage Open, 7* (1), 2158244017 690791.

Kang, H. D., Nanda, V. K., & Park, H. D.(2021). Technology spillovers and capital gains in corporate venture capital investments: Evidence from the biopharmaceutical industry. *Venture Capital, 23* (2), 129–155.

Kato, M., & Coad, A. (2024). Japan's SBIR scheme, *Annals of Science and Technology Policy*, forthcoming.

Katz, R., & Allen, T. J. (1982). Investigating the Not Invented Here (NIH) syndrome: A look at the performance, tenure, and communication patterns of 50 R&D Project Groups. *R&D Management, 12* (1), 7–20.

Kubo, K., & Saito, T. (2012). The effect of mergers on employment and wages: Evidence from Japan. *Journal of the Japanese and International Economies, 26* (2), 263–284.

Kuckertz, A., Scheu, M., & Davidsson, P. (2023). Chasing mythical creatures—A (not-so-sympathetic) critique of entrepreneurship's obsession with unicorn startups. *Journal of Business Venturing Insights, 19* (C), e00365.

Leendertse, J., Schrijvers, M., & Stam, E. (2022). Measure twice, cut once: Entrepreneurial ecosystem metrics. *Research Policy, 51* (9), 104336.

Lerner, J. (1999). The government as venture capitalist: The. long-run impact of the SBIR program. *The Journal of Business, 72* (3), 285–

318.
Lund Vinding, A. (2006). Absorptive capacity and innovative performance: A human capital approach. *Economics of Innovation and New Technology, 15* (4–5), 507–517.
Mazzucato, M. (2011). *The Entrepreneurial State: Debunking Public vs. Private Sector Myths*. London: Anthem Press.
Muscio, A. (2007). The impact of absorptive capacity on SMEs' collaboration. *Economics of Innovation and New Technology, 16* (8), 653–668.
Nagaoka, S., & Kato, M. (2008). The competitive process: Insights from two Japanese industries. Presented at the Conference *Promoting Competition in Developing Economies in Asia*, Kyoto.
Porter, M. E., & Sakakibara, M. (2004). Competition in Japan. *Journal of Economic Perspectives, 18* (1), 27–50.
Robb, A. M., & Robinson, D. T. (2014). The capital structure decisions of new firms. *Review of Financial Studies, 27* (1), 153–179.
Rothwell, R. (1992). Successful industrial innovation: Critical factors for the 1990s. *R&D Management, 22* (3), 221–240.
Sakakibara, M., & Porter, M. E. (2001). Competing at home to win abroad: Evidence from Japanese industry. *The Review of Economics and Statistics, 83* (2), 310–322.
Schrijvers, M., Stam, E., & Bosma, N. (2023). Figuring it out: Configurations of high-performing entrepreneurial ecosystems in Europe. *Regional Studies*, forth coming.
Teruel, M., Coad, A., Domnick, C., Flachenecker, F., Harasztosi, P., Janiri, M. L., & Pal, R. (2022). The birth of new HGEs: Internationalization through new digital technologies. *Journal of Technology Transfer, 47* (3), 804–845.
Venâncio, A., Picoto, W., & Pinto, I. (2023). Time-to-unicorn and digital entrepreneurial ecosystems. *Technological Forecasting and Social Change, 190* (C), 122425.
Wennberg, K., & Sandström, C. (2022). *Questioning the Entrepreneurial State: Status-quo, Pitfalls, and the Need for Credible Innovation Policy*. Cham, Switzerland: Springer.
Zhang, L., Zhang, S., & Guo, Y. (2019). The effects of equity financing and debt financing on technological innovation: Evidence from developed countries. *Baltic Journal of Management, 14* (4), 698–715.

加藤雅俊

1979年大阪府生まれ.
一橋大学大学院商学研究科博士後期課程修了.
博士(商学). 一橋大学経済研究所専任講師, 関西学院大学経済学部専任講師, 准教授などを経て, 現在, 関西学院大学経済学部教授, 同アントレプレナーシップ研究センター長.
専門分野は産業組織論, アントレプレナーシップの経済学, イノベーションの経済学.
著書に『スタートアップの経済学——新しい企業の誕生と成長プロセスを学ぶ』(有斐閣)があり, 論文は *Small Business Economics* や, *Research Policy* などの国際学術誌に掲載している.

スタートアップとは何か
—経済活性化への処方箋　　岩波新書(新赤版)2013

2024年4月19日　第1刷発行

著　者　加《か》藤《とう》雅《まさ》俊《とし》

発行者　坂本政謙

発行所　株式会社 岩波書店
〒101-8002 東京都千代田区一ツ橋2-5-5
案内 03-5210-4000　営業部 03-5210-4111
https://www.iwanami.co.jp/

新書編集部 03-5210-4054
https://www.iwanami.co.jp/sin/

印刷・三陽社　カバー・半七印刷　製本・中永製本

ISBN 978-4-00-432013-5　　Printed in Japan

岩波新書新赤版一〇〇〇点に際して

ひとつの時代が終わったと言われて久しい。だが、その先にいかなる時代を展望するのか、私たちはその輪郭すら描きえていない。二〇世紀から持ち越した課題の多くは、未だ解決の緒を見つけることのできないままであり、二一世紀が新たに招きよせた問題も少なくない。グローバル資本主義の浸透、憎悪の連鎖、暴力の応酬――世界は混沌として深い不安の只中にある。

現代社会においては変化が常態となり、速さと新しさに絶対的な価値が与えられた。消費社会の深化と情報技術の革命は、種々の境界を無くし、人々の生活やコミュニケーションの様式を根底から変容させてきた。ライフスタイルは多様化し、一面では個人の生き方をそれぞれが選びとる時代が始まっている。同時に、新たな格差が生まれ、様々な次元での亀裂や分断が深まっている。社会や歴史に対する意識が揺らぎ、普遍的な理念に対する根本的な懐疑や、現実を変えることへの無力感がひそかに根を張りつつある。そして生きることに誰もが困難を覚える時代が到来している。

しかし、日常生活のそれぞれの場で、自由と民主主義を獲得し実践することを通じて、私たち自身がそうした閉塞を乗り超え、希望の時代の幕開けを告げてゆくことは不可能ではあるまい。そのために、いま求められていること――それは、個と個の間で開かれた対話を積み重ねながら、人間らしく生きることの条件について一人ひとりが粘り強く思考することではないか。その営みの糧となるものが、教養に外ならないと私たちは考える。歴史とは何か、よく生きるとはいかなることか、世界そして人間はどこへ向かうべきなのか――こうした根源的な問いとの格闘が、文化と知の厚みを作り出し、個人と社会を支える基盤としての教養となった。まさにそのような教養への道案内こそ、岩波新書が創刊以来、追求してきたことである。

岩波新書は、日中戦争下の一九三八年一一月に赤版として創刊された。創刊の辞は、道義の精神に則らない日本の行動を憂慮し、批判的精神と良心的行動の欠如を戒めつつ、現代人の現代的教養を刊行の目的とする、と謳っている。以後、青版、黄版、新赤版と装いを改めながら、合計二五〇〇点余りを世に問うてきた。そして、いままた新赤版が一〇〇〇点を迎えたのを機に、人間の理性と良心への信頼を再確認し、それに裏打ちされた文化を培っていく決意を込めて、新しい装丁のもとに再出発したいと思う。一冊一冊から吹き出す新風が一人でも多くの読者の許に届くこと、そして希望ある時代への想像力を豊かにかき立てることを切に願う。

（二〇〇六年四月）